IOTE
(International Internet of Things)
y Smart City

Paula Rosado Jiménez

IOTE (*International Internet of Things*) y *Smart City*
© Paula Rosado Jiménez

1ª Edición

© IC Editorial, 2025

Editado por: IC Editorial
c/ Cueva de Viera, 2, Local 3
Centro Negocios CADI
29200 Antequera (Málaga)
Teléfono: 952 70 60 04
Fax: 952 84 55 03
Correo electrónico: iceditorial@iceditorial.com
Internet: www.iceditorial.com

ISBN: 978-84-1184-933-3
Depósito Legal: MA 1054-2025

Impresión: PODiPrint
Impreso en Andalucía – España

Nota de la editorial: IC Editorial pertenece a Innovación y Cualificación S. L.

Índice

OBJETIVOS GENERALES

Los objetivos generales de este título **IOTE** *(International Internet of Things)* y *Smart City* son los siguientes:

- Desarrollar proyectos reales de IoT y *smart city* aplicables a entornos con cobertura 5G.
- Explorar el impacto de tecnologías emergentes *(blockchain,* IA, *big data,* IoT, RA)* en la evolución de las ciudades inteligentes.
- Comprender la integración de componentes electrónicos en proyectos IoT, incluyendo *boards, shields* y sensores, y cómo estos dispositivos pueden conectarse para recopilar, procesar y transmitir datos en tiempo real en un entorno de cobertura 5G.
- Desarrollar habilidades básicas en el uso del entorno de desarrollo *Arduino IDE,* iniciarse en la programación y configurar dispositivos IoT para realizar tareas específicas, como la recopilación de datos de sensores y la comunicación entre dispositivos.

Aplicación de los fundamentos teóricos de las *smart cities* en entornos de cobertura 5G

Contenido

Objetivos

El objetivo general de esta Unidad de Aprendizaje es:

→ Explorar el impacto de tecnologías emergentes *(blockchain,* IA, *big data,* IoT, RA) en la evolución de las ciudades inteligentes.

Los objetivos específicos de esta Unidad de Aprendizaje son:

→ Definir el concepto de *smart city* y sus características esenciales, analizando cómo las *smart cities* pueden promover el comercio local mediante el uso de tecnologías innovadoras.

→ Examinar los principios de sostenibilidad y accesibilidad aplicados en el desarrollo de ciudades inteligentes.

→ Describir los procesos para la gestión de subvenciones y fondos nacionales y europeos destinados a proyectos de *smart cities.*

→ Identificar las certificaciones relevantes (DTI, UNE 178201) y su importancia para la validación de proyectos urbanos inteligentes.

→ Comprender los objetivos de la Agenda 2030 y los 17 ODS, y cómo se relacionan con el desarrollo urbano sostenible.

→ Dominar la aplicación de tecnologías clave *(blockchain,* IA, *big data,* IoT, RA) en el contexto de las *smart cities.*

→ Estudiar ejemplos de casos de éxito y fracaso en proyectos de *smart cities* para aprender mejores prácticas y lecciones.

1. Introducción

El concepto de ciudades inteligentes *(smart cities)* es la idea de cómo explorando la tecnología se pueden transformar los entornos urbanos para hacerlos más eficientes, sostenibles y habitables.

Los principios fundamentales que definen una *smart city* se basan en la importancia de la conectividad, la innovación y la gestión eficiente de recursos.

En el contexto actual, las ciudades enfrentan desafíos como el crecimiento de la población, la movilidad urbana, el consumo de recursos y la sostenibilidad ambiental. Las *smart cities* emergen como una solución que integra diversas tecnologías avanzadas —incluyendo *blockchain,* inteligencia artificial, *big data,* internet de las cosas (IoT) y realidad aumentada— para mejorar la calidad de vida de sus habitantes y promover un desarrollo urbano sostenible. Además, la implementación de redes 5G potencia estas tecnologías, permitiendo una conectividad más rápida y estable, necesaria para el funcionamiento de aplicaciones críticas.

Esta unidad abarca aspectos esenciales, como la promoción del comercio local, la sostenibilidad y accesibilidad de las ciudades, y la gestión de subvenciones y fondos para proyectos de *smart cities.* También se revisarán normativas y certificaciones importantes, como la certificación de destino turístico inteligente (DTI) y la norma UNE 178201, que garantizan estándares de calidad en la implementación de proyectos urbanos inteligentes. Otro aspecto clave será el cumplimiento de los objetivos de desarrollo sostenible (ODS) establecidos en la Agenda 2030 de las Naciones Unidas, un marco que guía las iniciativas hacia un futuro más inclusivo y respetuoso con el medio ambiente.

Con el estudio de casos de éxito y fracaso en la implementación de *smart cities* alrededor del mundo, se pueden entender los desafíos y las mejores prácticas en este campo.

Esta visión completa permitirá desarrollar un pensamiento crítico y estratégico para afrontar proyectos futuros en el ámbito de las ciudades inteligentes, aprovechando las oportunidades que ofrece la tecnología de cobertura 5G.

TechCity Solutions colabora con gobiernos locales para implementar sistemas de monitoreo y control energético en edificios públicos, como centros administrativos, escuelas y hospitales. Se aprovecha una red de sensores IoT que mide el consumo de electricidad, agua y gas en tiempo real, permitiendo a las autoridades locales tener una visión completa de cómo se utilizan los recursos en cada instalación. La plataforma desarrollada por TechCity Solutions ayuda a reducir el consumo energético identificando patrones de uso innecesarios, como luces encendidas fuera del horario laboral o sistemas de climatización funcionando en habitaciones vacías. Gracias al análisis de datos en tiempo real, las autoridades pueden tomar decisiones rápidas para ajustar el uso de recursos y disminuir la huella de carbono de las instalaciones, alineándose con los objetivos de desarrollo sostenible (ODS), en particular el ODS 7: energía asequible y no contaminante.

Además, la integración con tecnologías de *big data* permite detectar patrones y prever necesidades futuras, optimizando el uso de energía.

2. Concepto de *smart city*

 **HILO CONDUCTOR**

Una de las preocupaciones crecientes en las ciudades modernas es la calidad del aire y del agua. TechCity Solutions puede implementar redes de sensores distribuidos por la ciudad que monitoreen en tiempo real niveles de contaminación, humedad, temperatura y otros parámetros importantes. Estos datos se pueden usar para:

- Informar a los ciudadanos sobre la calidad del aire en sus vecindarios.
- Ayudar a las autoridades a tomar decisiones informadas para reducir la contaminación, como limitar el tráfico en áreas específicas.
- Monitorear la calidad del agua en fuentes, ríos y plantas de tratamiento para asegurar que cumpla con los estándares de seguridad.

A continuación, se describen algunos ejemplos del uso de las *smart cities*:

- ⊃ **Eficiencia en la gestión de recursos:** las ciudades inteligentes optimizan el uso de recursos, como agua y energía, reduciendo costes y mejorando la sostenibilidad.
- ⊃ **Mejora de la calidad de vida:** a través de servicios más eficientes y accesibles, como el transporte público mejorado, la gestión de residuos y la seguridad pública, los ciudadanos experimentan una mejor calidad de vida.

- **Impulso a la economía local:** las *smart cities* fomentan el desarrollo económico al crear oportunidades para empresas tecnológicas e innovadoras, mejorando al mismo tiempo el comercio local y el turismo.
- **Sostenibilidad ambiental:** gracias al uso de energías renovables y la gestión eficiente de recursos, las *smart cities* contribuyen a la reducción de emisiones de carbono y a la protección del medio ambiente.

DEFINICIÓN

Smart city o ciudad inteligente
Es una ciudad que utiliza tecnologías avanzadas, especialmente las de la información y comunicación (TIC), para mejorar la eficiencia de los servicios urbanos, promover la sostenibilidad y elevar la calidad de vida de sus ciudadanos. Las *smart cities* aprovechan una combinación de sensores, redes de datos, plataformas digitales y análisis avanzado para gestionar de manera inteligente y eficiente los recursos y servicios de la ciudad.

Las principales características de una *smart city* son:

- **Conectividad e infraestructura digital.** La conectividad es el corazón de una *smart city*. Una infraestructura robusta de redes de comunicación permite que diferentes sistemas y dispositivos se interconecten, desde sensores en la vía pública hasta aplicaciones móviles utilizadas por los ciudadanos.
  Las redes 5G desempeñan un papel crucial, ya que proporcionan la velocidad y la capacidad necesarias para manejar grandes volúmenes de datos en tiempo real.
- **Uso de datos y análisis avanzado.** Las *smart cities* dependen de la recolección de datos a través de sensores, cámaras, dispositivos IoT (internet de las cosas) y plataformas móviles. Estos datos se procesan y analizan para tomar decisiones más informadas y rápidas.
- **Sostenibilidad y eficiencia energética.** Uno de los objetivos principales de una *smart city* es reducir la huella de carbono y hacer un uso más eficiente de los recursos. Esto se logra mediante sistemas inteligentes que monitorean y gestionan el uso de energía, agua y otros recursos.
  Las soluciones de energía renovable, como la energía solar y eólica, se integran en el diseño de la ciudad, junto con tecnologías para el almacenamiento de energía y sistemas de gestión de residuos más eficientes.
- **Movilidad inteligente.** Las *smart cities* ofrecen soluciones de movilidad avanzada, como el transporte público optimizado, sistemas de bicicletas

compartidas, vehículos eléctricos y aplicaciones móviles para planificar viajes de manera eficiente.

Se utilizan tecnologías como la inteligencia artificial (IA) y el *big data* para gestionar el tráfico y reducir los tiempos de viaje, asegurando un transporte más rápido y limpio.

- **Participación ciudadana.** Una ciudad inteligente promueve la participación activa de sus ciudadanos a través de plataformas digitales donde pueden expresar sus necesidades y opiniones, acceder a servicios públicos y colaborar en la planificación urbana.

  Las aplicaciones móviles permiten a los ciudadanos reportar problemas (como baches o problemas de iluminación), acceder a información en tiempo real y participar en iniciativas comunitarias.

- **Seguridad y resiliencia.** Las tecnologías avanzadas se utilizan para mejorar la seguridad pública, como cámaras de vigilancia con reconocimiento de patrones para prevenir delitos, sistemas de detección de emergencias y redes de comunicación para la gestión de desastres.

  Las *smart cities* son también resilientes, diseñadas para adaptarse y responder de manera rápida a emergencias como inundaciones, terremotos o cortes de energía, utilizando sistemas automatizados que actúan sin intervención humana.

Coches autónomos eléctricos controlados mediante app en una smart city

Las *smart city* impulsan las nuevas tecnologías, como por ejemplo:

Internet de las cosas (IoT)
Permite la conexión de objetos físicos a la red, como sensores de tráfico, contenedores de basura inteligentes y sistemas de iluminación adaptativa, permitiendo una monitorización continua.

Inteligencia artificial (IA) y aprendizaje automático (*machine learning*)
Estas tecnologías se utilizan para analizar grandes volúmenes de datos, predecir patrones y tomar decisiones automatizadas que optimizan el uso de recursos.

Blockchain
Aporta seguridad y transparencia en la gestión de datos, contratos inteligentes y operaciones financieras dentro de la ciudad.

Redes 5G
Proporcionan la infraestructura de comunicación necesaria para conectar millones de dispositivos simultáneamente, permitiendo operaciones en tiempo real en toda la ciudad.

Big data
La recolección y análisis de grandes cantidades de datos ayudan a las autoridades a entender mejor las necesidades de la ciudad y a anticipar problemas antes de que ocurran.

3. Promoción del comercio local

☞ HILO CONDUCTOR

TechCity Solutions puede crear plataformas digitales centralizadas que conecten a los comercios locales con los ciudadanos, facilitando el acceso a productos y servicios de negocios cercanos. Estas plataformas pueden incluir:

- *Marketplaces* digitales que permitan a los comercios locales vender sus productos en línea y a los consumidores encontrar tiendas cercanas, hacer pedidos y recibir sus productos en el mismo día.

Continúa en página siguiente >>

<< Viene de página anterior

- Aplicaciones móviles que notifiquen a los usuarios sobre ofertas especiales, eventos locales o nuevos productos de las tiendas cercanas. Estas aplicaciones pueden basarse en la ubicación para ofrecer recomendaciones personalizadas.
- Sistemas de fidelización que recompensen a los consumidores por apoyar a los negocios locales a través de puntos, descuentos y promociones exclusivas.

En una *smart city,* el comercio local se beneficia de la tecnología avanzada para atraer a más clientes, optimizar operaciones y mejorar la experiencia de compra. La tecnología permite a las pequeñas y medianas empresas competir en igualdad de condiciones con grandes cadenas, al proporcionarles herramientas para llegar a los clientes de manera más eficiente, reducir costes operativos y ofrecer experiencias personalizadas.

Algunas de las soluciones que se pueden implementar para fomentar el comercio local son:

- **Desarrollo de plataformas digitales.** Se puede crear una plataforma centralizada que actúe como un escaparate digital para todos los negocios locales de la ciudad. Esta plataforma permite que los comercios:

  - Promocionen sus productos y servicios en línea, alcanzando a un público más amplio y facilitando el comercio electrónico.
  - Conecten con clientes locales a través de aplicaciones móviles, proporcionando información sobre productos disponibles, horarios de apertura y promociones en tiempo real.
  - Ofrezcan servicios de entrega local, ayudando a los consumidores a realizar pedidos y recibir sus compras rápidamente, fomentando la economía local sin depender de grandes plataformas de comercio electrónico.

- **Integración de sistemas de pago digitales y sin contacto.** La integración de pagos digitales es esencial para los comercios locales que buscan atraer a un público que prefiere la comodidad de pagar de forma rápida y segura. TechCity Solutions puede proporcionar:

  - Sistemas de pago sin contacto *(contactless)*
  - Pagos móviles mediante códigos QR
  - Integración de pagos en línea y físicos

➲ **Tecnologías IoT para optimización de operaciones.** Se implementan sensores IoT para ayudar a los comercios locales a gestionar mejor sus inventarios y operaciones logísticas:

  ☹ Monitoreo de inventarios en tiempo real.
  ☹ Etiquetas inteligentes (RFID) que facilitan la localización de productos en la tienda, optimizan la gestión de inventarios y agilizan el proceso de pago.
  ☹ Optimización de la cadena de suministro.

➲ **Aplicaciones de análisis de datos para estrategias de *marketing*.** Algunos ejemplos de uso de aplicaciones de análisis de datos en estrategias de *marketing* pueden ser:

  ☹ Plataformas de análisis de comportamiento del consumidor, que proporcionan información detallada sobre qué productos son los más populares. Nos pueden mostrar información del momento en que se compran los productos (día, hora, etc.) y qué promociones atraen a más clientes.
  ☹ Campañas de *marketing* personalizadas, usando datos sobre preferencias de compra; se pueden crear promociones específicas para cada cliente, aumentando las posibilidades de ventas.

➲ **Ofertas basadas en geolocalización.** Utilizando tecnologías de geolocalización se puede ayudar a los comercios locales a atraer clientes que se encuentren cerca de su ubicación:

  ☹ **Notificaciones *push* basadas en proximidad:** cuando un usuario pasa cerca de una tienda, la aplicación puede enviar una notificación con ofertas especiales o descuentos disponibles solo por tiempo limitado.
  ☹ **Campañas de *marketing* basadas en la ubicación:** se pueden crear campañas que inviten a los ciudadanos a descubrir tiendas locales que no conocían previamente, con promociones diseñadas para atraer nuevos clientes.
  ☹ **Mapas interactivos:** que ayuden a los ciudadanos a encontrar fácilmente comercios locales y eventos comunitarios, alentando a explorar y a apoyar a los negocios cercanos.

👁 EJEMPLO

- Una *app* **ciudadana** que muestra las tiendas cercanas según la ubicación del usuario, permitiendo a los consumidores encontrar productos y ofertas de comercios locales, hacer pedidos en línea y programar recogidas en tienda o entregas a domicilio.
- Una cafetería puede atraer a estudiantes y trabajadores que pasen por la zona, enviando **notificaciones automáticas** con ofertas de café y bocadillos a las horas pico del día, incentivando a los transeúntes a entrar.
- Se puede utilizar una plataforma para analizar los pedidos de los clientes habituales y ofrecer descuentos personalizados en sus bebidas favoritas, lo que incrementa la fidelización de clientes y las ventas.
- Se configuran pagos móviles a través de una *app* local que permite a los clientes pagar con sus teléfonos inteligentes, reduciendo el tiempo de espera y simplificando las operaciones de caja.
- Una tienda de ropa utiliza **sensores IoT para monitorear el inventario** y recibir notificaciones automáticas cuando ciertas prendas necesiten ser reabastecidas, mejorando la eficiencia operativa y reduciendo el riesgo de quedarse sin productos populares.

Además de estas ideas para los comercios, también se pueden buscar alianzas con las instituciones administrativas y entidades asociativas. Así, por ejemplo, se considerarían:

⮞ **Incentivos municipales:**

  ◉ **Promociones integradas:** generar campañas promocionales conjuntas con la municipalidad, como descuentos para ciudadanos que utilicen medios de transporte ecológicos para llegar a los comercios.
  ◉ **Premios y beneficios:** implementar programas de recompensas donde los ciudadanos acumulen puntos por comprar en negocios locales.

⮞ **Estrategias de sostenibilidad:**

  ◉ **Optimización energética:** ayudar a los negocios locales a implementar dispositivos IoT para reducir el consumo energético y promocionar prácticas sostenibles como un valor añadido.
  ◉ **Cadenas de suministro local:** fomentar la conexión entre proveedores y minoristas locales mediante sistemas de gestión conectados.

⊃ **Eventos comunitarios:**

◊ **Ferias virtuales y físicas:** organizar ferias de comercio local combinando realidad virtual y física, utilizando tecnología 5G para experiencias inmersivas.

◊ **Espacios públicos conectados:** crear áreas de mercado temporal con tecnología IoT para fomentar el comercio en tiempo real.

 EJEMPLO

Programa de bonos locales inteligentes

El municipio lanza una iniciativa donde los ciudadanos reciben bonos electrónicos que pueden usar exclusivamente en negocios locales. Estos bonos se gestionan a través de una aplicación móvil municipal conectada a la infraestructura de la *smart city*.

Funcionamiento:

1. Entrega de bonos: cada ciudadano registrado en la aplicación recibe un bono de descuento mensual (por ejemplo, 10 €) que puede canjear en comercios locales registrados en la plataforma. Los bonos se activan automáticamente cuando el ciudadano utiliza transporte público ecológico (por ejemplo, autobuses eléctricos) o bicicletas públicas conectadas al sistema IoT.
2. Geolocalización: los ciudadanos reciben notificaciones en tiempo real sobre los negocios locales participantes en su área cuando se encuentran cerca, incentivando compras inmediatas.
3. Gamificación: al comprar regularmente en negocios locales, los ciudadanos acumulan puntos adicionales que pueden usar para acceder a más bonos, entradas a eventos municipales o descuentos en servicios públicos.
4. Analítica para negocios: los comercios participantes reciben datos anónimos sobre el comportamiento de los consumidores (productos más demandados, horarios de mayor afluencia, etc.), permitiéndoles ajustar su oferta.

Beneficios:

• Para el municipio: promueve la movilidad sostenible y el desarrollo económico local.
• Para los ciudadanos: acceden a descuentos que incentivan el consumo local y la sostenibilidad.

Continúa en página siguiente >>

<< Viene de página anterior

- Para los negocios locales: aumentan sus ventas y visibilidad al participar en una red promocionada por la ciudad.

SABÍAS QUE...

En 2021, la ciudad de Toledo lanzó una iniciativa innovadora llamada **Apoya lo Local,** utilizando las redes sociales para revitalizar los pequeños comercios afectados por la pandemia.

¿Qué hicieron?

1. Historias locales en redes sociales:

- Crearon una serie de publicaciones donde los dueños de tiendas, cafeterías y talleres locales compartían sus historias personales.
- Cada publicación incluía imágenes y vídeos cortos sobre cómo sus negocios habían evolucionado y sobre sus aportes a la comunidad.

2. Gamificación:

- Lanzaron un desafío en Instagram llamado #DescubreToledoLocal, donde los ciudadanos debían visitar al menos cinco negocios locales y subir fotos, etiquetando a los comercios.
- Los participantes entraban en sorteos para ganar cupones de descuento y experiencias exclusivas en la ciudad.

3. Publicidad dirigida:

- Usaron herramientas de segmentación en *Facebook* e *Instagram* para enviar anuncios a los residentes locales con ofertas personalizadas según su ubicación y preferencias.

¿Qué resultados obtuvieron?

- **Incremento en ventas:** los negocios locales reportaron un aumento del 20-30 % en sus ventas durante el periodo de la campaña.

Continúa en página siguiente >>

<< Viene de página anterior

- **Participación ciudadana:** más de 5.000 personas participaron en el desafío, compartiendo sus experiencias y promocionando los comercios locales de forma orgánica.
- **Unión comunitaria:** la campaña fortaleció el vínculo entre los ciudadanos y los negocios locales, creando una identidad colectiva alrededor del comercio de proximidad.

4. Sostenibilidad y accesibilidad de las *smart cities*

👉 HILO CONDUCTOR

TechCity Solutions puede implementar un sistema de gestión de energía en edificios municipales que permita reducir el consumo energético hasta un 30 % mediante el uso de paneles solares, almacenamiento en baterías y control automatizado de la climatización e iluminación.

Además, va a implementar *microgrids* en comunidades locales, permitiendo que las zonas residenciales generen, almacenen y distribuyan energía renovable a nivel local, reduciendo la dependencia de fuentes externas y promoviendo la autosuficiencia energética.

En una *smart city,* la sostenibilidad y la accesibilidad son esenciales para crear un entorno urbano que no solo sea tecnológicamente avanzado, sino también respetuoso con el medio ambiente e inclusivo para todos los ciudadanos. La transformación urbana se realiza mediante la integración de tecnologías que mejoren la eficiencia de recursos, reduzcan el impacto ambiental y garanticen que todas las personas, independientemente de sus capacidades, puedan beneficiarse de los servicios de la ciudad.

Las acciones que se puede acometer para conseguir una transformación sostenible son:

⊃ **Gestión eficiente de energías y recursos:**

    ⊍ Sistemas inteligentes de energía. Se pueden implementar redes eléctricas inteligentes que integren fuentes de energía renovable, como la solar y la eólica, junto con sistemas de almacenamiento que gestionen la generación y distribución de energía de manera óptima.

    ⊍ Redes de agua inteligentes. La gestión eficiente del agua es otro aspecto crucial de la sostenibilidad; se puede conseguir con redes de agua inteligentes que monitoreen el uso y detecten fugas en tiempo real.

⊃ **Movilidad sostenible y eficiente.** Una *smart city* sostenible debe garantizar que las personas puedan desplazarse de manera eficiente y respetuosa con el medio ambiente, además de ayudar a desarrollar soluciones de movilidad que reduzcan la dependencia de vehículos privados y fomenten el uso del transporte público, bicicletas y vehículos eléctricos. Formas de transporte sostenible:

    ⊍ Transporte público integrado y electrificado

    ⊍ Redes de bicicletas y *scooters* compartidas

⊃ **Edificios inteligentes y sostenibles.** Los edificios son responsables de una parte significativa del consumo de energía en las ciudades. Existen tecnologías para transformar edificios tradicionales en infraestructuras inteligentes que gestionen eficientemente su consumo de energía, agua y residuos.
Estas tecnologías tienen como objetivos:

    ⊍ Sistemas de climatización e iluminación inteligentes.

    ⊍ Gestión de residuos automatizada. Contenedores de basura inteligentes equipados con sensores que informan a los servicios de recolección cuando están llenos, optimizando las rutas de recolección y reduciendo las emisiones de los camiones de basura.

    ⊍ Programas de reciclaje automatizados que separen los residuos de forma eficiente, fomentando una mayor tasa de reciclaje.

⊃ **Calidad del aire y monitorización ambiental.** La **calidad del aire** y el medio ambiente son aspectos críticos para el bienestar de los ciudadanos. Se pueden implementar sistemas de **monitoreo ambiental** para recolectar datos en tiempo real sobre la calidad del aire, el ruido y otros factores ambientales.

- **Infraestructura accesible.** Una ciudad inteligente no es verdaderamente inteligente si no es accesible para todos sus ciudadanos. Por ejemplo, para lograr la accesibilidad en el transporte público, se deben incorporar:

  - Plataformas de elevación, rampas y señalización táctil en autobuses, trenes y estaciones, que faciliten el acceso a personas con movilidad reducida.
  - Aplicaciones de navegación accesible para personas con discapacidades visuales, que proporcionen rutas óptimas y alertas de audio para guiar a los usuarios de manera segura.

 EJEMPLO

Existen aplicaciones de gestión de movilidad que integran servicios de bicicletas, *scooters* y transporte público, mostrando a los usuarios la mejor ruta según sus necesidades y preferencias.

También se pueden conseguir edificios inteligentes instalando ventanas inteligentes en edificios de oficinas, que se oscurecen automáticamente para reducir la carga en los sistemas de aire acondicionado durante las horas de máxima exposición solar.

 SABÍAS QUE...

Los sistemas de **iluminación pública inteligente** han demostrado ser muy efectivos, pero en Los Ángeles se llevaron un paso más allá. La ciudad implementó farolas LED conectadas a una red IoT que no solo ajustan el brillo según la actividad en la calle, sino que también **monitorean la calidad del aire** y **actúan como puntos de acceso wifi gratuitos**. Esta solución multifuncional ha permitido reducir el consumo de energía en un **63 %** y ahorrar millones de dólares en facturas de electricidad anuales. Es un ejemplo perfecto de cómo una ciudad puede "matar varios pájaros de un tiro" al combinar funciones en una infraestructura ya existente.

Continúa en página siguiente >>

<< Viene de página anterior

Los faros también están programados para **"parpadear" en patrones específicos** durante emergencias, ayudando a dirigir a los ciudadanos hacia rutas seguras sin requerir intervención humana.

En general, el tema de la sostenibilidad y la eficiencia en las *smart cities* aborda cómo integrar tecnologías avanzadas para mejorar la calidad de vida urbana, mientras se minimiza el impacto ambiental. La tecnología juega un rol importante y decisivo en este aspecto.

Se usan dispositivos conectados para recopilar datos en tiempo real que permitan tomar decisiones basadas en la evidencia, como optimizar el consumo de energía, gestionar residuos o mejorar la movilidad.

La baja latencia y la alta capacidad del 5G permiten la conexión simultánea de dispositivos y sistemas, lo que mejora la eficiencia operativa.

Existen retos urbanos ante el crecimiento demográfico, como la adaptación de infraestructuras para gestionar el aumento de población en entornos urbanos y estrategias para reducir emisiones de CO_2, mejorar la calidad del aire y gestionar los residuos urbanos, teniendo en cuenta los recursos limitados, como el uso eficiente de agua, energía y espacios urbanos.

Por tanto, se puede considerar agregar los siguientes puntos para enriquecer el apartado sobre sostenibilidad y eficiencia en las *smart cities*:

⊃ **Energía renovable y almacenamiento inteligente:**

　　○ **Integración de fuentes renovables:** implementar energía solar, eólica o geotérmica en infraestructuras urbanas como edificios y estaciones de transporte.
　　○ **Sistemas inteligentes de almacenamiento:** uso de baterías inteligentes conectadas a IoT para gestionar el almacenamiento y la distribución de energía, optimizando el consumo en función de la demanda.

⊃ **Gestión de residuos inteligente:**

　　○ **Sensores en contenedores:** implementar dispositivos IoT para monitorear el nivel de llenado de los contenedores y optimizar las rutas de recolección.

- **Iniciativas de reciclaje:** sistemas que recompensen a los ciudadanos por clasificar y reciclar sus desechos, como máquinas que emiten cupones por reciclaje.

⊃ **Recursos hídricos y optimización del agua:**

- **Redes inteligentes de agua:** uso de sensores para detectar fugas, controlar el consumo y garantizar una distribución eficiente.
- **Reutilización del agua:** instalaciones urbanas que procesen y reutilicen agua para riego o limpieza pública.

⊃ **Resiliencia urbana ante el cambio climático:**

- **Diseño de infraestructuras adaptativas:** incorporar techos verdes, jardines verticales y pavimentos permeables que mitiguen el impacto del calor y las lluvias torrenciales.
- **Sistemas de alerta temprana:** red de monitoreo que informe a los ciudadanos sobre riesgos climáticos, como inundaciones o altas temperaturas.

⊃ **Agricultura urbana inteligente:**

- **Huertos urbanos conectados:** espacios verdes en la ciudad controlados por sensores IoT que optimicen el uso de agua y nutrientes.
- **Producción local de alimentos:** reducción del transporte de alimentos al fomentar la producción local sostenible.

 **EJEMPLO**

Movilidad sostenible y eficiente en Copenhague, Dinamarca

Copenhague es un referente mundial en movilidad sostenible, gracias a su enfoque innovador para integrar tecnología, infraestructura y sostenibilidad.

¿Qué hicieron?

1. Infraestructura para bicicletas. La ciudad cuenta con más de 400 km de carriles exclusivos para bicicletas. Se han instalado "autopistas para bicicletas" conectadas a las zonas suburbanas, lo que facilita el acceso al centro urbano para los ciclistas.

Continúa en página siguiente >>

<< Viene de página anterior

2. Tecnología de semáforos inteligentes. Con el apoyo de IoT y sistemas inteligentes, los semáforos están diseñados para dar prioridad a los ciclistas y autobuses durante las horas pico, reduciendo el tiempo de viaje y mejorando la eficiencia.
3. Transporte público eléctrico. La ciudad ha renovado su flota de autobuses, que ahora son completamente eléctricos. Las estaciones de carga están estratégicamente ubicadas y conectadas a una red inteligente para minimizar el tiempo de inactividad.
4. Incentivos para vehículos eléctricos. Copenhague fomenta el uso de vehículos eléctricos mediante estacionamientos gratuitos y puntos de recarga distribuidos en toda la ciudad.

Resultados:

- Reducción de emisiones: gracias a estas medidas, las emisiones de CO_2 se han reducido significativamente. El 62 % de los residentes de Copenhague usa bicicletas para sus desplazamientos diarios.
- Calidad de vida: los ciudadanos disfrutan de menos congestión vehicular, aire más limpio y un entorno más seguro para desplazarse.
- Reconocimientos internacionales: Copenhague ha sido nombrada varias veces como una de las ciudades más sostenibles del mundo.

Utilización del desbloqueo de bicicletas a través de dispositivos móviles

En cuanto a las **ciudades resilientes,** son aquellas cuya planificación urbana anticipe y se adapte a desafíos como el cambio climático, los desastres naturales y el crecimiento urbano descontrolado.

 **DEFINICIÓN**

Ciudades resilientes

Son aquellas capaces de anticiparse, prepararse, responder, recuperarse y adaptarse a impactos como desastres naturales, crisis económicas, cambios demográficos y desafíos climáticos. Este enfoque no solo busca minimizar los daños, sino también fortalecer las comunidades y los sistemas urbanos para que salgan fortalecidos de los desafíos.

- -

Los principios de las ciudades resilientes son:

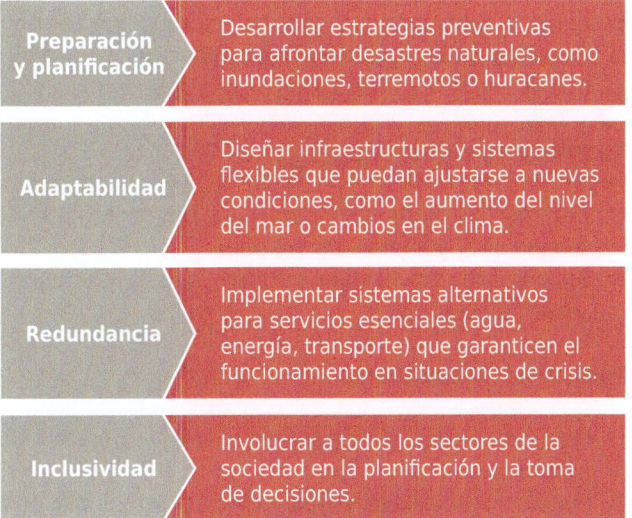

Los componentes clave de una ciudad resiliente son:

○ **Infraestructura resistente:**

  ◑ Edificios inteligentes diseñados para soportar desastres naturales.
  ◑ Sistemas de drenaje urbano que eviten inundaciones, como pavimentos permeables y reservorios subterráneos.

➲ **Gestión de recursos naturales:**

    ◊ Uso eficiente del agua: implementar redes inteligentes para monitorear y optimizar el consumo.

    ◊ Protección de áreas verdes y bosques urbanos para absorber CO_2 y mitigar los efectos del cambio climático.

➲ **Sistemas de energía sostenibles:**

    ◊ Redes eléctricas descentralizadas y autosuficientes con fuentes renovables.

    ◊ Almacenamiento de energía mediante baterías de alta capacidad para garantizar suministro durante emergencias.

➲ **Planificación urbana inteligente:**

    ◊ Zonificación adaptativa que minimice el riesgo en áreas vulnerables.

    ◊ Espacios multifuncionales que puedan utilizarse para refugios o centros de distribución en casos de emergencias.

➲ **Tecnología y datos:**

    ◊ Sistemas de alerta temprana para desastres naturales basados en sensores IoT y análisis de *big data*.

    ◊ Aplicaciones móviles que informen a los ciudadanos sobre riesgos y sobre cómo actuar.

➲ **Participación ciudadana:**

    ◊ Programas educativos para enseñar a la población cómo responder a las crisis.

    ◊ Plataformas digitales para recolectar sugerencias y necesidades de los ciudadanos.

Crear ciudades resilientes enfrenta varios desafíos significativos. Uno de los principales es el **financiamiento** necesario para implementar infraestructuras y tecnologías avanzadas, lo que puede ser especialmente difícil en países en desarrollo. Además, la **coordinación entre múltiples sectores** —gobiernos, empresas privadas, instituciones académicas y ciudadanos— es esencial pero compleja, ya que requiere alinear intereses diversos hacia objetivos comunes. El **cambio climático** añade incertidumbre, exigiendo a las ciudades adaptarse a fenómenos impredecibles como inundaciones, olas de calor y tormentas más intensas. Por último, la falta de **educación y sensibilización ciudadana** puede limitar la adopción de prácticas resilientes, ya que el éxito de estas estrategias depende en gran medida de la participación activa de las comunidades.

5. Gestión de subvenciones y fondos nacionales y europeos para las *smart cities*

 HILO CONDUCTOR

TechCity Solutions colabora con el municipio para **desarrollar una red de movilidad inteligente** y sostenible, a través de los fondos del programa Horizonte Europa para la implementación de autobuses eléctricos y sistemas de optimización de rutas basados en inteligencia artificial.

La gestión de subvenciones y fondos nacionales y europeos para proyectos de *smart cities* es un aspecto crucial para el desarrollo e implementación de tecnologías avanzadas en las ciudades y para mejorar la sostenibilidad, la eficiencia y la calidad de vida urbana.

 **NOTA**

Los gobiernos nacionales y la Unión Europea ofrecen diversos programas de subvenciones y fondos destinados a promover el desarrollo de *smart cities*. Estos fondos están diseñados para:

- Incentivar la adopción de tecnologías sostenibles y eficientes.
- Promover la innovación en infraestructuras urbanas.
- Mejorar la calidad de vida de los ciudadanos mediante el uso de tecnología.
- Fomentar la colaboración entre sectores públicos y privados para implementar soluciones que aborden desafíos urbanos.

Algunos programas de subvenciones relevantes que pueden ayudar a las ciudades son los siguientes:

Horizon Europe
Es el programa de investigación e innovación más grande de la UE, con fondos para proyectos de sostenibilidad, movilidad inteligente, gestión de residuos y tecnologías de *smart cities*.

Fondo europeo de desarrollo regional (FEDER)
Apoya el desarrollo regional sostenible mediante la financiación de proyectos de innovación y mejora de infraestructuras urbanas.

Green Deal Europeo
Subvenciones para proyectos que contribuyan a la transición hacia una economía baja en carbono, incluyendo energías renovables, movilidad eléctrica e infraestructuras sostenibles.

Plan de recuperación, transformación y resiliencia (España)
Es parte de los fondos Next Generation EU, destinados a apoyar la digitalización, la sostenibilidad y la recuperación económica a través de la modernización de infraestructuras urbanas.

5.1. Horizon Europe

Horizon Europe es el principal programa de financiación de investigación e innovación de la Unión Europea (UE) para el período 2021-2027, con un presupuesto de 95,5 mil millones de euros. Uno de sus pilares fundamentales es el apoyo a la sostenibilidad y la transformación urbana, particularmente a través de su misión específica: **100 ciudades inteligentes y climáticamente neutras para 2030.**

Los objetivos del programa son:

⮑ **Neutralidad climática:**

  ⮑ Apoyar a las ciudades en su transición hacia la reducción de emisiones de carbono, fomentando el uso de energías renovables, movilidad sostenible y estrategias de economía circular.
  ⮑ El programa busca que, al menos, 100 ciudades europeas sean climáticamente neutras para 2030, lo que implica reducir sus emisiones netas de gases de efecto invernadero a cero. Para ello, promueve la implementación de fuentes de energía renovable, como parques solares y eólicos en áreas urbanas, así como la electrificación de sectores

clave como el transporte y la industria. Horizon Europe también apoya la adopción de medidas de eficiencia energética en edificios, fomentando la rehabilitación y el diseño de construcciones con estándares pasivos.

⮑ **Innovación urbana:**

⮑ Financiar proyectos que integren tecnologías avanzadas como IoT, inteligencia artificial y redes 5G para mejorar la eficiencia de los servicios urbanos.

⮑ Horizon Europe incentiva la creación de ecosistemas urbanos donde las tecnologías avanzadas, como la inteligencia artificial, IoT y redes 5G, optimicen el uso de los recursos y los servicios urbanos. Por ejemplo, impulsa proyectos que mejoren la movilidad mediante semáforos inteligentes, o que reduzcan el consumo energético con iluminación pública basada en sensores. Además, fomenta la experimentación mediante "laboratorios urbanos vivos" *(living labs),* donde las ciudades prueban innovaciones en un entorno real antes de su implementación masiva.

⮑ **Participación ciudadana:**

⮑ Promover la implicación de los ciudadanos en el diseño e implementación de soluciones sostenibles.

⮑ Reconociendo que la transformación urbana no es posible sin el apoyo de los ciudadanos, Horizon Europe prioriza proyectos que involucren activamente a las comunidades locales. Esto incluye talleres participativos para cocrear soluciones, encuestas digitales para conocer sus necesidades y plataformas interactivas que permitan a los residentes contribuir con ideas o monitorizar los avances de los proyectos en tiempo real. Este enfoque también ayuda a fomentar una mayor aceptación de los cambios, como la adopción de medidas sostenibles y la modificación de hábitos de consumo.

⮑ **Resiliencia urbana:**

⮑ Fortalecer la capacidad de las ciudades para adaptarse a los efectos del cambio climático y otros desafíos.

⮑ Horizon Europe apoya el diseño de ciudades que puedan resistir y adaptarse a los efectos del cambio climático, como inundaciones, olas de calor y tormentas. Esto incluye el desarrollo de infraestructuras verdes como parques urbanos y techos vegetales, que mejoren la absorción de agua y reduzcan las temperaturas urbanas. También fomenta el uso de sistemas de monitoreo basados en IoT para detectar riesgos climáticos en tiempo real y sistemas de alerta temprana que permitan a las autoridades y los ciudadanos reaccionar rápidamente ante emergencias.

¿Dónde se va a actuar para conseguir los objetivos?

- **Transporte urbano sostenible.** Impulso a proyectos que fomenten el uso de vehículos eléctricos, transporte público eficiente y soluciones de movilidad compartida:
  - **Movilidad eléctrica y compartida:** promoción de vehículos eléctricos, bicicletas públicas y plataformas de *carsharing.* Estas iniciativas buscan reducir la dependencia de combustibles fósiles y las emisiones en el transporte urbano.
  - **Infraestructuras de carga:** implementación de redes de carga para vehículos eléctricos integradas en el entorno urbano, aprovechando la conectividad 5G y los sistemas IoT para optimizar su uso.
  - **Transporte público eficiente:** financiación para modernizar las flotas de transporte público con tecnologías limpias, como autobuses eléctricos e híbridos, y para mejorar la gestión de rutas mediante datos en tiempo real.
- **Eficiencia energética.** Subvenciones para la construcción de edificios inteligentes y sistemas de gestión energética urbana:
  - **Edificios inteligentes:** Horizon Europe impulsa la rehabilitación de edificios existentes con tecnologías avanzadas, como sensores IoT para optimizar el consumo energético y sistemas de climatización inteligentes.
  - **Redes de energía urbana:** desarrollo de redes eléctricas descentralizadas que integren fuentes renovables y permitan un intercambio eficiente de energía entre edificios (por ejemplo, sistemas de *microgrids).*
  - **Generación y almacenamiento local de energía:** proyectos que fomentan la instalación de paneles solares en edificios residenciales y comerciales, junto con soluciones de almacenamiento, como baterías de litio avanzadas.
- **Gestión de recursos.** Apoyo a la creación de redes inteligentes de agua, gestión de residuos y sistemas de reciclaje avanzados:
  - **Agua y saneamiento:** Horizon Europe apoya la creación de redes inteligentes de agua que detecten fugas y optimicen su distribución, así como sistemas de reutilización de aguas residuales para riego y otros usos urbanos.

- **Gestión de residuos:** implementación de sistemas de reciclaje automatizados y tecnologías IoT para monitorizar la capacidad de los contenedores, mejorando la eficiencia en la recolección de residuos.
- **Preservación de áreas verdes:** financiación para la creación y mantenimiento de corredores ecológicos, parques urbanos y techos verdes que contribuyan a la biodiversidad y actúen como sumideros de carbono.

- **Infraestructura digital.** Implementación de plataformas digitales que permitan recopilar y analizar datos en tiempo real para una mejor toma de decisiones:

  - **Plataformas urbanas inteligentes:** desarrollo de sistemas integrados donde las autoridades puedan gestionar datos en tiempo real sobre tráfico, calidad del aire, consumo energético y otros aspectos clave.
  - **Conectividad 5G:** uso de redes 5G para conectar dispositivos IoT en la ciudad, permitiendo la comunicación instantánea entre sensores, vehículos autónomos y sistemas de monitoreo urbano.
  - **Ciberseguridad urbana:** Horizon Europe también financia proyectos para garantizar la protección de los datos recolectados y evitar vulnerabilidades en infraestructuras digitales.

Horizon Europe es un programa que utiliza un sistema competitivo y estructurado para financiar proyectos innovadores y de alto impacto en diversas áreas, incluida la transformación de las ciudades. Su **mecanismo de financiación** está diseñado para garantizar la transparencia, la eficiencia y el enfoque en resultados concretos. A continuación, se detalla cómo funciona el proceso:

Convocatorias abiertas
- Las ciudades, junto con sus socios (universidades, empresas y ONG), pueden presentar propuestas en las áreas prioritarias definidas por la Comisión Europea.
- La Comisión Europea publica periódicamente **convocatorias específicas** dentro del programa Horizon Europe, dirigidas a abordar retos urbanos como la sostenibilidad, la eficiencia energética, la neutralidad climática y la digitalización.
- Estas convocatorias definen claramente los objetivos, el alcance y los criterios de selección para los proyectos, asegurando que las propuestas estén alineadas con las prioridades estratégicas de la UE.

Continúa en página siguiente >>

<< *Viene de página anterior*

Subvenciones competitivas
- Los proyectos seleccionados reciben financiación parcial o total para su desarrollo. Esto incluye costes de personal, equipos, servicios, viajes y difusión de resultados.
- En algunos casos, los beneficiarios deben aportar parte del presupuesto, lo que asegura su compromiso con la ejecución del proyecto.

Colaboración internacional
- Horizon Europe fomenta la cooperación entre ciudades y entidades de diferentes países para compartir conocimientos y experiencias.
- Pueden participar diferentes tipos de entidades: ciudades, universidades, empresas privadas, startups, organizaciones no gubernamentales (ONG) y centros de investigación.
- Las propuestas suelen requerir la formación de **consorcios internacionales** que integren diversas competencias y actores de diferentes países de la Unión Europea o asociados, fomentando la colaboración y el intercambio de conocimientos.

Los solicitantes desarrollan una propuesta detallada, que incluye el problema que abordan, los objetivos del proyecto, la metodología, los resultados esperados y un presupuesto estimado.

La presentación se realiza a través del portal oficial de financiación de la UE, donde las propuestas son registradas y revisadas.

Un panel de expertos evalúa las propuestas según criterios como:

- ➲ **Excelencia:** calidad científica y técnica del proyecto.
- ➲ **Impacto:** contribución esperada a los objetivos de la convocatoria y beneficios para la sociedad y el medio ambiente.
- ➲ **Implementación:** capacidad del equipo y viabilidad técnica y financiera.

Solo las propuestas mejor calificadas reciben financiación, lo que fomenta la competitividad y la excelencia en los proyectos.

NOTA

La Comisión Europea realiza un seguimiento continuo de los proyectos para garantizar que se desarrollen según lo planeado y que los recursos se utilicen de manera eficiente y transparente.

5.2. Plan de recuperación, transformación y resiliencia

A nivel nacional, se cuenta con el plan de recuperación, transformación y resilencia.

El **plan de recuperación, transformación y resiliencia (PRTR)** es una estrategia impulsada por el Gobierno de España para gestionar los fondos europeos **Next Generation EU,** diseñados para hacer frente a los efectos de la crisis generada por la pandemia del COVID-19. Con un presupuesto estimado de **140.000 millones de euros,** entre subvenciones y préstamos, este plan se centra en promover la modernización de la economía española, con un énfasis en la sostenibilidad, la digitalización y la resiliencia.

Los objetivos principales del plan son los siguientes:

- **Transformación ecológica.** Promover la transición energética y la sostenibilidad ambiental como pilares para reducir la huella de carbono y cumplir con los objetivos climáticos europeos.
  Este objetivo busca avanzar hacia un modelo de economía descarbonizada y sostenible. Las inversiones están dirigidas a:

  - **Energías renovables:** ampliar la capacidad instalada de energías limpias, como la solar, la eólica y el hidrógeno verde.
  - **Economía circular:** fomentar prácticas de reciclaje, reutilización de materiales y optimización de recursos para reducir los residuos generados.
  - **Preservación de la biodiversidad:** iniciativas para proteger ecosistemas naturales, como la restauración de humedales y bosques, y la mejora de la gestión del agua.
  - **Mitigación del cambio climático:** implementación de soluciones para reducir las emisiones de CO_2, como sistemas de transporte sostenible y modernización energética de edificios.

- **Transformación digital.** Acelerar la digitalización en sectores clave de la economía española, como la administración pública, la educación, las pymes y la industria.
  Las principales acciones incluyen:

  - **Infraestructura digital:** ampliar la conectividad de banda ancha y redes 5G, especialmente en zonas rurales y áreas con menor acceso.
  - **Digitalización de empresas:** proporcionar herramientas y formación a las pymes para que adopten tecnologías digitales, como la inteligencia artificial, el *big data* y la ciberseguridad.

- **Transformación de servicios públicos:** mejorar la eficiencia de sectores como la sanidad y la educación mediante plataformas digitales, historia clínica electrónica y aulas virtuales.

- **Cohesión social y territorial.** Reducir desigualdades y mejorar el acceso a servicios en todo el territorio, incluyendo zonas rurales. Este objetivo aborda las desigualdades existentes entre regiones y entre sectores sociales, promoviendo un desarrollo más equilibrado. Las medidas clave incluyen:

  - **Desarrollo rural:** impulso a proyectos que fortalezcan las economías locales en áreas rurales, con énfasis en agricultura sostenible y turismo ecológico.
  - **Acceso a servicios esenciales:** garantizar que todos los ciudadanos tengan acceso a educación de calidad, atención sanitaria y servicios digitales.
  - **Regeneración urbana:** mejora de barrios y ciudades con infraestructura sostenible y espacios públicos accesibles.

- **Igualdad de género.** Integrar la perspectiva de género en todas las políticas y fomentar la participación de mujeres en sectores tecnológicos y sostenibles.
  Este eje busca cerrar las brechas de género en la economía, la sociedad y el acceso a oportunidades. Las iniciativas incluyen:

  - **Fomento de la empleabilidad femenina:** programas específicos para capacitar a mujeres en sectores tecnológicos y sostenibles, tradicionalmente dominados por hombres.
  - **Apoyo a la conciliación:** incentivar políticas de conciliación laboral y familiar, como horarios flexibles y ayudas para el cuidado de dependientes.
  - **Empoderamiento en innovación y tecnología:** promoción de mujeres emprendedoras y científicas, así como la reducción de la brecha digital de género.

El PRTR se estructura en torno a 10 políticas palanca y 30 componentes, que abarcan áreas como:

- **Movilidad sostenible, segura y conectada.** Este eje busca transformar el sistema de transporte en España para que sea más eficiente, limpio y accesible. Las acciones incluyen:

  - **Transporte público sostenible:** renovación de flotas de autobuses y trenes con tecnologías bajas en carbono, como vehículos eléctricos o de hidrógeno.

- **Infraestructura para movilidad eléctrica:** instalación de más puntos de recarga para vehículos eléctricos, tanto en carreteras como en áreas urbanas, fomentando su adopción masiva.
- **Seguridad vial:** implementación de tecnologías IoT para monitorear y reducir accidentes, como sensores de tráfico y señales inteligentes.
- **Movilidad compartida:** incentivar el uso de servicios de *carsharing* y bicicletas públicas mediante plataformas digitales conectadas.

- **Rehabilitación de viviendas y regeneración urbana.** La rehabilitación de viviendas y regeneración urbana incluyen programas de mejoras en la eficiencia energética en edificios y barrios, promoviendo el uso de energías renovables. Asimismo, se desarrollan proyectos para la construcción de viviendas sostenibles y adaptadas a las necesidades actuales. Se incluyen iniciativas como:

  - **Rehabilitación energética:** financiación para la instalación de aislamiento térmico, paneles solares, sistemas de calefacción eficientes y ventanas de alta eficiencia en viviendas.
  - **Regeneración de barrios:** transformación de vecindarios deteriorados en espacios sostenibles, con infraestructura verde y servicios accesibles.
  - **Ayudas a la vivienda social:** programas que garantizan que estas mejoras lleguen también a los hogares más vulnerables, reduciendo la pobreza energética.

- **Transición energética.** La transición energética incluye proyectos relacionados con hidrógeno verde, energía solar y eólica. Se complementa con la modernización de las redes eléctricas con sistemas inteligentes para integrar las fuentes renovables y optimizar los recursos. En este eje se promueve un cambio estructural hacia fuentes de energía renovable y sistemas de gestión energética más inteligentes. Las iniciativas incluyen:

  - **Hidrógeno verde:** desarrollo de una cadena de valor completa para la producción, almacenamiento y uso del hidrógeno como fuente de energía limpia en la industria y el transporte.
  - **Redes inteligentes:** modernización de la red eléctrica para integrar mejor la energía renovable y garantizar un suministro eficiente.
  - **Autoconsumo energético:** incentivos para instalar paneles solares y baterías de almacenamiento en hogares y empresas, fomentando comunidades energéticas locales.
  - **Descarbonización industrial:** apoyo a empresas para implementar tecnologías que reduzcan su impacto ambiental, como la electrificación de procesos o la captura de CO_2.

➲ **Transformación digital.** El proyecto de transformación digital consiste principalmente en:

◉ Digitalización de las pymes, con especial atención a sectores como el comercio, la hostelería y la agricultura.
◉ Mejora de la infraestructura digital en áreas como la administración pública, la educación y la salud.

Se impulsa la digitalización de todos los sectores, con especial énfasis en las pequeñas y medianas empresas (pymes) y los servicios públicos. Las principales acciones son:

◉ **Digitalización de pymes:** ayudas para que las pymes adopten soluciones como comercio electrónico, herramientas de gestión basadas en la nube y *marketing* digital.
◉ **Redes 5G:** extensión de la cobertura 5G a todo el territorio, con especial atención a áreas rurales para garantizar la igualdad de oportunidades digitales.
◉ **Ciberseguridad:** implementación de tecnologías que protejan datos y sistemas frente a ataques, aumentando la confianza en los servicios digitales.
◉ **Educación digital:** capacitación en competencias digitales para trabajadores, jóvenes y población general, cerrando la brecha digital.

➲ **Educación, ciencia y formación.** En el área de educación, ciencia y formación, los aspectos a destacar son:

◉ Impulso a la formación profesional y universitaria en áreas tecnológicas y sostenibles.
◉ Programas de investigación e innovación en sectores estratégicos.

Aborda la mejora de las capacidades humanas y científicas para adaptarse a los desafíos del futuro. Las iniciativas incluyen:

◉ **Modernización del sistema educativo:** introducción de tecnologías digitales en las aulas, como plataformas de aprendizaje *online* y equipamiento tecnológico para estudiantes y profesores.
◉ **Formación profesional (FP):** impulso a programas de FP en áreas estratégicas, como la energía renovable, la ciberseguridad y la inteligencia artificial.
◉ **Investigación e innovación:** financiación de proyectos de investigación en sectores como biotecnología, salud y sostenibilidad, conectando la ciencia con la industria.

◐ **Apoyo a la inclusión:** garantizar que colectivos vulnerables, como jóvenes desempleados y mujeres, accedan a oportunidades de formación en sectores emergentes.

El plan se aprobó con la intención de recuperar la economía tras la pandemia y, a partir de ahí, se estabilizó con el objetivo posicionar al país como referente en sostenibilidad, digitalización y resiliencia a largo plazo.

Los fondos se asignan a través de convocatorias públicas a administraciones, empresas y organizaciones interesadas en desarrollar proyectos alineados con los objetivos del plan.

Cada comunidad autónoma y ministerio gestiona la implementación de las políticas bajo un marco común de transparencia y rendición de cuentas. Se establecen indicadores de impacto para asegurar que los fondos se usen eficazmente.

El plan promueve los **PERTE** (proyectos estratégicos para la recuperación y transformación económica), que son iniciativas públicas y privadas de alto impacto en sectores como la automoción, la salud y la energía.

 **EJEMPLO**

Movilidad verde

Uno de los componentes más destacados del PRTR es el apoyo a la electrificación del transporte. Esto incluye la creación de corredores verdes para vehículos eléctricos, incentivos para la compra de coches eléctricos y la instalación de estaciones de carga rápida en todo el territorio. Estas acciones están transformando la movilidad en España hacia un modelo más sostenible y resiliente.

Un dato destacado del plan de recuperación, transformación y resiliencia es que España dedicará más del 40 % de los fondos totales a la transición ecológica y alrededor del 28 % a la transformación digital, superando los mínimos establecidos por la Unión Europea (37 % para transición ecológica y 20 % para digitalización). Este compromiso posiciona a España como uno de los países de la UE con mayor enfoque en la sostenibilidad y la digitalización dentro de su estrategia de recuperación económica.

6. Certificaciones de destino turístico inteligente (DTI), AENOR 178201

 HILO CONDUCTOR

Con el objetivo de mejorar la experiencia de los turistas en una ciudad, TechCity Solutions ha desarrollado una **guía turística con realidad aumentada (RA)** que permita a los visitantes escanear monumentos con sus teléfonos y obtener información histórica, datos curiosos y detalles arquitectónicos adicionales en tiempo real.

Las certificaciones de destino turístico inteligente (DTI) y la norma UNE 178201 son herramientas clave para garantizar que las ciudades se desarrollen de manera eficiente, sostenible y atractiva para los visitantes.

📎 DEFINICIÓN

Certificación de destino turístico inteligente (DTI)

Es un reconocimiento otorgado a ciudades y regiones que han desarrollado infraestructuras y servicios turísticos innovadores, utilizando tecnologías avanzadas para mejorar la sostenibilidad, accesibilidad y experiencia del turista. Las características clave de un DTI incluyen:

- Gestión inteligente de recursos para optimizar el uso de la energía, agua y otros recursos.
- Accesibilidad universal, asegurando que todos los servicios turísticos sean accesibles para personas con discapacidades.
- Innovación tecnológica, proporcionando a los turistas experiencias digitales enriquecedoras y herramientas para planificar y disfrutar mejor de su visita.
- Sostenibilidad en el desarrollo de infraestructuras y servicios que minimicen el impacto ambiental.

Los requisitos que una *smart city* debe cumplir para obtener la certificación DTI son:

- **Innovación tecnológica e infraestructuras inteligentes:**
  - Las ciudades deben integrar tecnologías avanzadas para mejorar la experiencia de los turistas. Esto incluye el uso de internet de las cosas (IoT), aplicaciones móviles, *big data,* inteligencia artificial y plataformas digitales que faciliten el acceso a información y servicios turísticos.
  - Se debe asegurar la conectividad en todas las zonas turísticas, proporcionando acceso a wifi gratuito y plataformas digitales que ofrezcan información en tiempo real sobre sitios de interés, transporte y eventos locales.
- **Sostenibilidad y protección del entorno natural:**
  - Los destinos turísticos inteligentes deben adoptar prácticas sostenibles que minimicen el impacto ambiental del turismo, como la gestión eficiente de recursos, la reducción de emisiones y el uso de energía renovable.
  - También deben preservar el patrimonio natural y cultural, asegurando que las actividades turísticas no dañen los recursos naturales ni degraden el entorno local.
- **Accesibilidad universal:**
  - Un destino turístico inteligente debe garantizar que todos los servicios turísticos sean accesibles para personas con diferentes tipos de discapacidades, asegurando que puedan disfrutar plenamente de las experiencias turísticas.
  - Esto incluye infraestructuras accesibles, transporte adaptado, rutas accesibles en sitios turísticos y la implementación de tecnologías como guías de audio, señalización táctil y aplicaciones móviles accesibles.
- **Promoción de la actividad turística:**
  - Los destinos DTI deben ofrecer experiencias enriquecidas a los turistas mediante la integración de tecnologías como la realidad aumentada (AR) y la realidad virtual (VR). Estas herramientas pueden mejorar la experiencia del visitante, proporcionando información adicional y recreaciones virtuales de sitios históricos y culturales.
  - Las ciudades deben desarrollar plataformas de recomendación personalizada que ayuden a los turistas a descubrir nuevas actividades, restaurantes y eventos en función de sus intereses y preferencias.

Gestión de la información y datos turísticos:

- Un requisito fundamental para la certificación DTI es la recopilación, análisis y gestión de datos para comprender mejor el comportamiento de los turistas y optimizar los servicios ofrecidos.
- Las ciudades deben utilizar estos datos para tomar decisiones basadas en información real, identificar patrones de comportamiento y ajustar las estrategias de *marketing* y gestión turística.

Gobernanza y colaboración público-privada:

- La certificación DTI requiere que las ciudades tengan un modelo de gobernanza clara que involucre la colaboración entre el sector público y el privado, así como la participación activa de los ciudadanos.
- Las ciudades deben establecer mecanismos de coordinación y cooperación para asegurar que todos los actores involucrados en el turismo (hoteles, restaurantes, operadores turísticos) trabajen juntos para mejorar la experiencia turística.

En España es **SEGITTUR (sociedad estatal para la gestión de la innovación y las tecnologías turísticas)** la que establece una metodología para la certificación de DTI.

El proceso para obtener la certificación de DTI incluye las siguientes etapas:

- **Solicitud inicial.** El municipio interesado debe expresar formalmente su intención de convertirse en un DTI mediante una solicitud presentada a **SEGITTUR.** Este paso incluye:

  - Presentación de un informe inicial que describa el contexto del destino, sus infraestructuras, características turísticas y las razones para optar a la certificación.
  - Identificación de los objetivos estratégicos del municipio relacionados con el turismo inteligente, como sostenibilidad, accesibilidad o innovación.

  Este primer contacto permite a SEGITTUR evaluar la viabilidad del proceso y establecer un marco de trabajo conjunto con el municipio.

- **Diagnóstico inicial.** En esta fase, **SEGITTUR** lleva a cabo un análisis exhaustivo del destino para evaluar su situación en relación con los ejes de un DTI. El diagnóstico incluye:

  - **Recopilación de datos:** revisión de políticas públicas, infraestructuras turísticas, tecnología existente y servicios ofrecidos.

- **Visitas al destino:** inspección *in situ* para evaluar las condiciones reales, identificar fortalezas y detectar posibles áreas de mejora.
- **Entrevistas con agentes clave:** encuentros con autoridades locales, empresas turísticas y otros actores relevantes para entender las dinámicas y necesidades del destino.

Al finalizar esta etapa, se entrega un informe detallado que incluye una puntuación del destino en cada eje, así como un análisis DAFO (debilidades, amenazas, fortalezas Y oportunidades).

- **Plan de acción.** A partir del diagnóstico, se diseña un **plan de acción personalizado** para el destino. Este documento establece las medidas necesarias para cumplir con los estándares DTI y detalla:

  - **Acciones prioritarias:** medidas esenciales que deben implementarse en un plazo inmediato, como la mejora de infraestructuras tecnológicas o el diseño de estrategias de sostenibilidad.
  - **Cronograma de ejecución:** tiempos estimados para cada acción, asegurando que el proceso sea ordenado y eficiente.
  - **Responsabilidades:** identificación de los actores responsables de ejecutar cada medida, ya sean entidades públicas, privadas o colaborativas.
  - **Presupuesto y financiación:** estimación de los recursos necesarios y posibles fuentes de financiación, incluyendo subvenciones públicas o asociaciones con empresas privadas.

- **Implementación.** El municipio ejecuta las acciones indicadas en el plan, que pueden incluir desde la instalación de infraestructuras tecnológicas hasta la capacitación del personal turístico. Esta etapa puede incluir:

  - **Mejoras tecnológicas:** instalación de redes wifi públicas, desarrollo de aplicaciones móviles para turistas, sistemas de *big data* y otras tecnologías digitales.
  - **Formación de personal:** capacitación de empleados municipales y del sector turístico para manejar nuevas herramientas y adaptarse a los estándares de calidad DTI.
  - **Infraestructuras físicas:** creación o mejora de accesos, señalización inclusiva, puntos de información turística y transporte sostenible.
  - **Campañas de sensibilización:** actividades para involucrar a los residentes y empresas locales en el proceso, promoviendo la aceptación y el compromiso con los cambios.

⊃ **Evaluación final.** Una vez completada la implementación, **SEGITTUR** realiza una auditoría para verificar que el destino cumple con los estándares DTI. Este proceso incluye:

ტ **Revisión documental:** análisis de los informes y pruebas de las acciones implementadas.
ტ **Inspección presencial:** verificación en el terreno de las mejoras realizadas, evaluando su impacto y funcionalidad.
ტ **Encuestas a usuarios:** recopilación de opiniones de turistas y residentes para valorar la percepción del destino tras los cambios.

En función de los resultados, se emite un informe final que valida si el destino ha alcanzado los niveles necesarios para la certificación.
⊃ **Certificación.** Si el destino supera con éxito la evaluación, recibe la certificación como **destino turístico inteligente** por parte de SEGITTUR. Esto incluye:

ტ **Entrega del certificado oficial:** reconocimiento público que posiciona al destino como un referente en turismo inteligente.
ტ **Plan de mantenimiento:** recomendaciones para garantizar que el destino siga cumpliendo con los estándares, incluso tras la certificación.
ტ **Evaluaciones periódicas:** compromiso del destino a someterse a revisiones regulares para renovar y mantener la certificación.

La certificación no solo mejora la competitividad del destino, sino que también sirve como garantía para los turistas de una experiencia de calidad, innovadora y sostenible.

6.1. Beneficios de la certificación DTI

La obtención del certificado permite ofrecer servicios personalizados y de alta calidad, además de optimizar el uso de los recursos y reducir el impacto ambiental del turismo. Otra ventaja es que permite aumentar la capacidad de atracción de turistas nacionales e internacionales.

Se promueve también la implicación de la comunidad local en el diseño y gestión del turismo.

 **EJEMPLO**

Algunos destinos españoles certificados como DTI son:

- **Benidorm:** pionera en adoptar estrategias tecnológicas y sostenibles.
- **Gijón:** que destaca por su accesibilidad y su oferta cultural digitalizada.
- **Calvià (Mallorca):** conocida por su compromiso con el turismo sostenible y la integración tecnológica.

Este enfoque estructurado asegura que los destinos no solo alcancen los estándares DTI, sino que también desarrollen capacidades a largo plazo para adaptarse a las necesidades cambiantes del turismo global. El proceso fomenta la mejora continua y una visión integral del turismo como motor de desarrollo sostenible.

DEFINICIÓN

Norma UNE 178201
Establece los requisitos para la gestión integral de ciudades inteligentes, enfocándose en la sostenibilidad, eficiencia operativa, accesibilidad, gobernanza y desarrollo económico. Esta norma define un marco de trabajo que permite a las ciudades estructurar e integrar sus iniciativas tecnológicas para lograr una gestión urbana más eficiente y centrada en el bienestar de sus ciudadanos.

6.2. Objetivo de la norma UNE 178201

El principal objetivo de la UNE 178201 es proporcionar un marco metodológico para que los destinos turísticos implementen estrategias innovadoras y sostenibles, basadas en tecnología, accesibilidad y gobernanza. La norma busca:

1. Garantizar la calidad y sostenibilidad del turismo.
2. Optimizar la experiencia del visitante mediante el uso de tecnología.
3. Promover un desarrollo turístico que beneficie a los residentes y al entorno local.

Los requisitos que una *smart city* debe cumplir para obtener la certificación de la norma UNE 178201 son:

- **Gestión integral y coordinada de la ciudad.** Las ciudades deben implementar un sistema de gestión integral que permita coordinar todas las infraestructuras y servicios urbanos, tales como el transporte, la energía, la gestión de residuos y la seguridad.
  Este sistema debe ser capaz de recopilar datos en tiempo real de múltiples fuentes y proporcionar una visión centralizada de la ciudad, permitiendo a los responsables tomar decisiones informadas y actuar rápidamente ante problemas.

- **Interoperabilidad de sistemas tecnológicos.** Un requisito clave es la interoperabilidad de los sistemas tecnológicos. Todas las soluciones implementadas deben ser capaces de comunicarse e integrarse con otros sistemas existentes, asegurando una gestión fluida y eficiente.
  Esto implica el uso de estándares abiertos y protocolos que permitan la fácil integración y expansión de nuevas tecnologías en el futuro, evitando la fragmentación de servicios.

- **Sostenibilidad y eficiencia energética.** La norma exige que las ciudades adopten medidas para reducir el consumo de energía y promover el uso de energías renovables. Esto incluye la implementación de tecnologías inteligentes que optimicen el uso de la energía, como redes eléctricas inteligentes, iluminación pública LED y sistemas de gestión de la energía en edificios públicos.
  Además, se deben establecer planes de sostenibilidad a largo plazo que incluyan objetivos claros de reducción de emisiones de CO_2, gestión eficiente del agua y control de la calidad del aire.

- **Accesibilidad universal.** Las ciudades deben garantizar que todas las infraestructuras y servicios sean accesibles para todas las personas, incluidas aquellas con discapacidades físicas, sensoriales o cognitivas.
  Esto implica la adaptación de espacios públicos, transporte y edificios, así como la implementación de tecnologías accesibles, como aplicaciones móviles que ayuden a personas con discapacidades visuales a navegar por la ciudad.

- **Gobernanza y participación ciudadana.** La norma promueve la transparencia y la participación activa de los ciudadanos en la toma de decisiones. Esto requiere la creación de plataformas de participación que permitan a los ciudadanos expresar sus opiniones, sugerir mejoras y colaborar en el desarrollo de proyectos urbanos.
  Las ciudades deben proporcionar información clara y accesible sobre la gestión urbana y el estado de los servicios públicos, fomentando la confianza y la cooperación entre las autoridades y los residentes.

- **Innovación tecnológica e infraestructura digital.** La norma UNE 178201 exige la adopción de tecnologías avanzadas para mejorar la eficiencia de los servicios urbanos. Esto incluye el uso de internet de las cosas (IoT), inteligencia artificial, *big data* y redes de comunicación (como 5G) para gestionar infraestructuras críticas.

También se deben desarrollar plataformas digitales que integren diferentes servicios urbanos (energía, transporte, agua, residuos, seguridad), facilitando la gestión desde un sistema centralizado.

⊃ **Ciberseguridad y protección de datos.** La seguridad de los datos es un aspecto fundamental. Las ciudades deben implementar medidas de ciberseguridad robustas para proteger los datos sensibles de los ciudadanos y garantizar la integridad y disponibilidad de los sistemas tecnológicos.

Se deben seguir buenas prácticas de gestión de datos, incluyendo la anonimización de información personal y el cumplimiento de normativas de protección de datos como el Reglamento General de Protección de Datos (GDPR) en Europa.

⊃ **Resiliencia y adaptación al cambio climático.** La norma requiere que las ciudades desarrollen infraestructuras resilientes que puedan soportar emergencias como desastres naturales, fallos en el suministro de energía y otras crisis. Esto incluye la creación de planes de contingencia y sistemas que puedan operar de manera autónoma en situaciones críticas.

Las ciudades deben estar preparadas para adaptarse al cambio climático, estableciendo medidas para gestionar riesgos relacionados con inundaciones, olas de calor y otros fenómenos extremos.

Para obtener la certificación de la norma UNE 178201, las ciudades deben seguir un proceso de evaluación que incluye los siguientes pasos:

Diagnóstico inicial
- Las autoridades locales deben realizar un diagnóstico completo de la situación actual de la ciudad, identificando fortalezas, debilidades y áreas de mejora en términos de gestión urbana y tecnologías inteligentes.
- Este diagnóstico servirá como base para definir un plan de acción que permita cumplir con los requisitos de la norma.

Desarrollo e implementación de soluciones
- La implementación de soluciones abarca la instalación de infraestructuras inteligentes, la integración de sistemas tecnológicos y la capacitación del personal encargado de la gestión urbana.
- Se deben establecer indicadores de rendimiento (KPI) para medir la efectividad de las soluciones implementadas y ajustar las estrategias según sea necesario.

Continúa en página siguiente >>

<< Viene de página anterior

Auditoría y certificación
- Una vez que se han implementado las soluciones y se han cumplido los requisitos, la ciudad debe someterse a una auditoría externa por parte de AENOR para evaluar si realmente cumple con la norma 178201.
- Si la auditoría es exitosa, la ciudad recibe la certificación oficial, que confirma que ha alcanzado los estándares de gestión integral y eficiencia definidos en la norma.

Los beneficios de la certificación de la norma UNE 178201 son los siguientes:

➲ **Reconocimiento internacional:**

  ◊ **Posicionamiento global:** la certificación sitúa al destino en el mapa internacional como un referente en turismo inteligente, atrayendo tanto a visitantes como a inversores internacionales.
  ◊ **Promoción de la marca turística:** mejora la percepción y reputación del destino al asociarlo con estándares de calidad, sostenibilidad e innovación.
  ◊ **Ventaja competitiva:** diferencia al destino de otros que no cuentan con esta certificación, especialmente en mercados donde los turistas valoran la innovación y la sostenibilidad.

➲ **Mejora de la competitividad:**

  ◊ **Atractivo para nuevos mercados:** la incorporación de tecnología y sostenibilidad permite atraer segmentos turísticos emergentes, como el turismo digital, ecológico o experiencial.
  ◊ **Optimización de recursos:** la certificación fomenta la gestión eficiente de recursos naturales, energéticos y económicos, reduciendo costes operativos.
  ◊ **Colaboración público-privada:** facilita la cooperación entre administraciones, empresas y actores locales para desarrollar proyectos conjuntos que potencien el destino.

➲ **Satisfacción del visitante:**

  ◊ **Experiencias personalizadas:** el uso de tecnología, como *big data* y aplicaciones móviles, permite adaptar la oferta turística a las preferencias de cada visitante.
  ◊ **Accesibilidad universal:** la implementación de medidas de accesibilidad garantiza que todos los turistas, incluidos aquellos con necesidades especiales, puedan disfrutar del destino.

- **Información en tiempo real:** sistemas digitales que brindan al visitante información actualizada sobre actividades, servicios y puntos de interés, mejorando su experiencia.

➲ **Impacto positivo en la comunidad local:**

- **Participación ciudadana:** la certificación fomenta la implicación de los residentes en el diseño y la gestión del turismo, asegurando que las decisiones reflejen las necesidades de la comunidad.
- **Generación de empleo:** impulsa la creación de puestos de trabajo en sectores innovadores, como tecnología y sostenibilidad, fortaleciendo la economía local.
- **Fomento del comercio local:** promueve el consumo de productos y servicios locales mediante estrategias turísticas que integran a pequeños negocios y productores.

➲ **Promoción de la sostenibilidad:**

- **Protección del medio ambiente:** implementa prácticas sostenibles, como la gestión eficiente del agua, energía renovable y minimización de residuos, reduciendo el impacto del turismo sobre el entorno natural.
- **Conservación del patrimonio cultural:** fomenta la valorización y preservación de la identidad cultural local, integrando tradiciones y actividades autóctonas en la oferta turística.
- **Reducción de la huella de carbono:** incentiva el uso de transporte sostenible, energías limpias y tecnologías verdes, contribuyendo a los objetivos climáticos globales.

➲ **Innovación continua:**

- **Actualización tecnológica:** la certificación exige la incorporación de nuevas herramientas digitales, asegurando que el destino esté a la vanguardia de la innovación.
- **Adaptabilidad a nuevas tendencias:** permite al destino responder rápidamente a los cambios en las demandas del mercado turístico, como el auge del turismo virtual o las experiencias interactivas.
- **Fomentar la investigación y desarrollo (I+D):** estimula proyectos de innovación en colaboración con universidades y centros tecnológicos, potenciando la creación de conocimiento y soluciones disruptivas.

◓ **Gestión integral del destino:**

    ♉ **Gobernanza eficaz:** promueve un modelo de gestión transparente y colaborativo, donde todos los actores implicados participan en la toma de decisiones.

    ♉ **Planificación estratégica:** la certificación impulsa la creación de planes a largo plazo, que integran sostenibilidad, innovación y calidad, garantizando un crecimiento ordenado del turismo.

    ♉ **Monitoreo y mejora continua:** implementación de indicadores clave de rendimiento (KPI), que permiten evaluar el impacto de las acciones y realizar ajustes para maximizar los resultados.

 **EJEMPLO**

Un caso de éxito en la aplicación de la norma UNE 178201 es **Benidorm** que, en 2018, se convirtió en el primer destino mundial en obtener la certificación conforme a la norma UNE 178501, que establece los requisitos para la gestión de destinos turísticos inteligentes.

Su enfoque en la integración tecnológica, la sostenibilidad y la accesibilidad lo ha posicionado como un modelo internacional de turismo inteligente.

Las estrategias implementadas fueron:

1. Innovación y tecnología:

    · Desarrollo de una plataforma digital que integra datos de diversas fuentes para mejorar la toma de decisiones en tiempo real.
    · Implementación de sistemas de *big data* y análisis de redes sociales para comprender mejor las preferencias y comportamientos de los turistas.

2. Sostenibilidad:

    · Proyectos como Resiliencia Urbana de Benidorm y el Centro de Innovación Nacional, vinculado a la gestión sostenible del agua y el territorio, que buscan minimizar el impacto ambiental del turismo.
    · Iniciativas para promover la economía circular y la eficiencia energética en infraestructuras turísticas.

Continúa en página siguiente >>

<< Viene de página anterior

3. Accesibilidad:

- Mejora de infraestructuras para garantizar la accesibilidad universal en playas, transporte público y espacios turísticos.
- Desarrollo de aplicaciones móviles y herramientas digitales que facilitan la experiencia turística a personas con discapacidad.

4. Gobernanza:

- Creación de un ente gestor que coordina las acciones relacionadas con el DTI, asegurando la participación de actores públicos y privados.
- Establecimiento de mecanismos de participación ciudadana para involucrar a la comunidad local en la toma de decisiones.

La certificación UNE 178201 no solo refuerza la competitividad de un destino turístico, sino que también asegura un equilibrio entre el desarrollo económico, la conservación ambiental y el bienestar social. Esto beneficia tanto a los turistas como a las comunidades locales, haciendo del turismo una actividad sostenible e inclusiva a largo plazo.

 SABÍAS QUE...

Un caso curioso y anecdótico relacionado con la implementación de normas en **destinos turísticos inteligentes** ocurrió durante el proceso de certificación de **Benidorm** como el primer DTI del mundo bajo la norma UNE 178501.

La anécdota: el desafío del "sistema de hamacas"

Benidorm, conocido por sus playas y su excelente gestión turística, tuvo que adaptar un aspecto peculiar de su oferta: la **gestión de las hamacas en la playa.** Uno de los requisitos de la certificación era garantizar un uso eficiente de los recursos y ofrecer datos en tiempo real para los usuarios.

Cuando los auditores de la certificación UNE visitaron las playas, se encontraron con un problema inesperado: los turistas reservaban las hamacas temprano por la mañana dejando una toalla, pero no las usaban durante horas, lo que generaba ineficiencia y descontento en otros visitantes.

Continúa en página siguiente >>

<< Viene de página anterior

La solución innovadora

Para cumplir con los estándares de la norma y mejorar la experiencia turística:

1. **Sistema de reserva inteligente:** se desarrolló una aplicación móvil que permitía a los turistas reservar su hamaca en tiempo real, pagando solo por el tiempo efectivo de uso.
2. **Sensores en las hamacas:** se instalaron sensores IoT en algunas áreas para detectar si realmente estaban siendo utilizadas. Esto permitió liberar las hamacas no ocupadas y maximizar su disponibilidad.
3. **Campaña educativa:** el ayuntamiento lanzó una divertida campaña llamada **No reserves tu sombra, usa tu hamaca,** que incentivaba a los visitantes a respetar las normas mediante mensajes en redes sociales y en los accesos a las playas.

El resultado

El sistema no solo mejoró la percepción de los turistas sobre la gestión del destino, sino que también sirvió como ejemplo de cómo resolver problemas aparentemente pequeños con tecnología y creatividad. Además, este cambio contribuyó a que Benidorm obtuviera su certificación como destino turístico inteligente.

 **APLICACIÓN PRÁCTICA**

El certificado de destino turístico inteligente (DTI) se basa en cinco ejes principales que garantizan la sostenibilidad, accesibilidad y modernización de un destino turístico. Uno de estos ejes incluye la implementación de tecnologías como IoT y *big data* para gestionar eficientemente los recursos turísticos. ¿Qué eje corresponde a esta descripción?

Solución

Tecnología, porque este eje del certificado de destino turístico inteligente (DTI) se centra en la implementación y el uso de herramientas digitales avanzadas para gestionar y optimizar los recursos turísticos de manera eficiente.

Continúa en página siguiente >>

<< Viene de página anterior

La tecnología incluye soluciones como:

* IoT (internet de las cosas)
* *Big data*
* Plataformas digitales
* Inteligencia artificial

7. Agenda 2030 de las Naciones Unidas

 HILO CONDUCTOR

TechCity Solutions implementa un **proyecto piloto en una ciudad costera** para desarrollar una red de sensores que monitoreen la calidad del agua, con financiación de programas de sostenibilidad de la ONU.

La Agenda 2030 se basa en **17 objetivos de desarrollo sostenible (ODS)** que, a su vez, se dividen en **169 metas específicas.** Estos ODS ofrecen una guía para que los países y las organizaciones trabajen de manera conjunta hacia un futuro más sostenible e inclusivo.

 DEFINICIÓN

Agenda 2030 de la ONU

Es un plan de acción global adoptado por las Naciones Unidas en septiembre de 2015, durante la Cumbre de Desarrollo Sostenible en Nueva York. La Agenda establece un marco para lograr un desarrollo sostenible y equitativo a nivel mundial, abordando los desafíos económicos, sociales y ambientales más críticos. Su objetivo principal es erradicar la pobreza, proteger el planeta y garantizar la prosperidad para todas las personas sin dejar a nadie atrás.

La Agenda se basa en cuatro principios fundamentales:

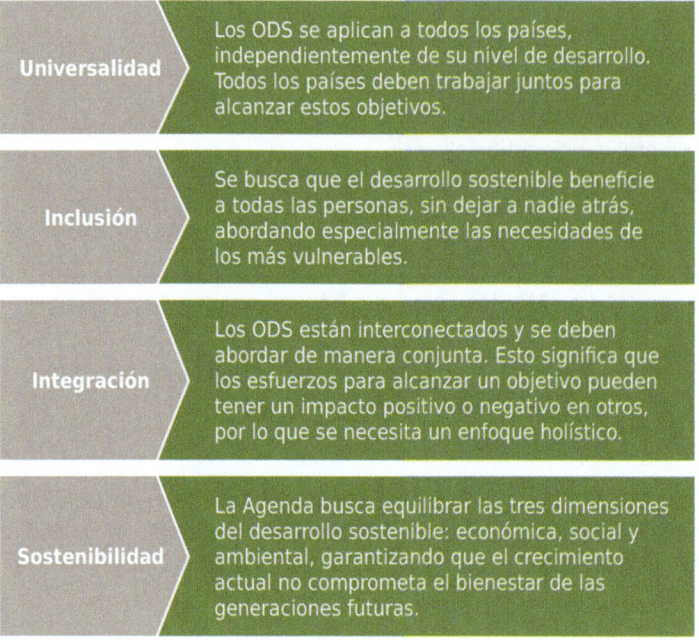

Universalidad
Los ODS se aplican a todos los países, independientemente de su nivel de desarrollo. Todos los países deben trabajar juntos para alcanzar estos objetivos.

Inclusión
Se busca que el desarrollo sostenible beneficie a todas las personas, sin dejar a nadie atrás, abordando especialmente las necesidades de los más vulnerables.

Integración
Los ODS están interconectados y se deben abordar de manera conjunta. Esto significa que los esfuerzos para alcanzar un objetivo pueden tener un impacto positivo o negativo en otros, por lo que se necesita un enfoque holístico.

Sostenibilidad
La Agenda busca equilibrar las tres dimensiones del desarrollo sostenible: económica, social y ambiental, garantizando que el crecimiento actual no comprometa el bienestar de las generaciones futuras.

 **EJEMPLO**

Un buen ejemplo de la Agenda 2030 en acción es el proyecto de energía renovable Masdar City en Abu Dhabi, Emiratos Árabes Unidos. Este proyecto refleja varios de los objetivos de desarrollo sostenible (ODS) de la Agenda 2030, particularmente los relacionados con la energía limpia, las ciudades sostenibles y la acción por el clima.

Masdar City es una ciudad planificada que se comenzó a construir en 2008, con el objetivo de ser una de las comunidades urbanas más sostenibles del mundo. Esta ciudad está diseñada para minimizar la huella de carbono y promover el uso de energías renovables.

La Agenda 2030 sirve como guía para gobiernos, empresas, organizaciones no gubernamentales y ciudadanos, orientando políticas públicas y proyectos hacia un modelo más sostenible.

Las ciudades inteligentes y sostenibles juegan un papel crucial en el cumplimiento de la Agenda 2030:

- ➲ Contribuyen a los ODS relacionados con energía (7), ciudades sostenibles (11), consumo responsable (12) y acción climática (13).
- ➲ Promueven la inclusión social y la participación ciudadana, alineándose con los principios de igualdad y gobernanza.

La **Agenda 2030** no es solo un marco global; su implementación depende de la capacidad de los gobiernos locales, nacionales y las instituciones globales para adaptarla a sus contextos y prioridades. Este enfoque multinivel tiene un impacto significativo en las políticas públicas y privadas, promoviendo un desarrollo más inclusivo, sostenible y colaborativo.

El impacto en las políticas locales y globales es el siguiente:

- ➲ **Impacto en las políticas locales:**

  - ◑ **Planificación estratégica local.** Muchos gobiernos municipales han adoptado los objetivos de desarrollo sostenible (ODS) como parte de sus planes estratégicos. Por ejemplo:

    - ⇕ Incorporación de estrategias para mejorar la calidad del aire (ODS 11 y 13).
    - ⇕ Rehabilitación de viviendas con criterios sostenibles (ODS 7 y 12).

    Como ejemplos, se pueden encontrar las ciudades de Barcelona y Medellín, que han desarrollado indicadores locales para medir el progreso en sostenibilidad, movilidad y acceso a servicios.

  - ◑ **Movilización de recursos locales:**

    - ⇕ La Agenda impulsa a los municipios a gestionar sus recursos de manera eficiente, priorizando inversiones en transporte público sostenible, reciclaje y eficiencia energética.
    - ⇕ La participación ciudadana se fomenta como un pilar clave para garantizar que los proyectos reflejen las necesidades reales de las comunidades.

  - ◑ **Colaboración entre municipios:**

    - ⇕ Redes como **C40 Cities** o **ICLEI** reúnen a ciudades de todo el mundo para compartir buenas prácticas y trabajar juntas en desafíos globales, como la acción climática y la transición energética.

⊃ **Impacto en las políticas nacionales:**

◑ **Integración en planes de desarrollo:**

  ⇕ Los gobiernos nacionales han alineado sus políticas económicas y sociales con los ODS, priorizando sectores clave como la educación (ODS 4), la salud (ODS 3) y el crecimiento económico inclusivo (ODS 8).

  ⇕ Como ejemplo se encuentra, en España, el **Plan de Acción para la Implementación de la Agenda 2030,** que coordina a los ministerios para asegurar que las inversiones públicas contribuyan al cumplimiento de los objetivos.

◑ **Reformas legales y regulatorias:**

  ⇕ Se han creado o actualizado leyes en áreas como energía renovable, reducción de residuos plásticos y protección de ecosistemas naturales.

  ⇕ Como ejemplo, se encuentra Alemania, que introdujo un marco regulador para promover la economía circular, alineado con el ODS 12 (producción y consumo responsables).

◑ **Programas de inclusión social:**

  ⇕ Iniciativas para reducir las desigualdades, mejorar la equidad de género y garantizar derechos básicos, como el acceso a agua potable y saneamiento.

⊃ **Impacto en las políticas globales:**

◑ **Cooperación internacional:**

  ⇕ Los ODS fomentan la creación de alianzas entre países para abordar desafíos globales, como el cambio climático (ODS 13) y la protección de la biodiversidad (ODS 14 y 15).

  ⇕ Programas como el Fondo Verde para el Clima apoyan a los países en desarrollo en su transición hacia economías bajas en carbono.

◑ **Nuevas métricas de progreso:**

  ⇕ La Agenda 2030 impulsa un cambio en cómo se mide el éxito de las políticas. Más allá del PIB, se da prioridad a indicadores como el índice de desarrollo humano (IDH) o la huella de carbono per cápita.

⇕ Las Naciones Unidas publican informes anuales que evalúan el progreso de los países en cada ODS, promoviendo la rendición de cuentas.

◔ **Compromisos climáticos:**

⇕ La Agenda se alinea con otros acuerdos globales, como el Acuerdo de París, incentivando a los países a cumplir con sus compromisos de reducción de emisiones y adaptación climática.

➲ **Impacto en el sector privado y la sociedad civil:**

◔ **Sector empresarial:**

⇕ Muchas empresas están adoptando los ODS como parte de su estrategia corporativa, integrando prácticas sostenibles en sus cadenas de valor y promoviendo productos más responsables.

⇕ Como ejemplo se encuentran las grandes multinacionales, como *Unilever* y *Microsoft,* que han alineado sus objetivos empresariales con metas específicas de la Agenda 2030, como la reducción de emisiones o el acceso universal a tecnología.

◔ **Organizaciones no gubernamentales (ONG):**

⇕ Las ONG juegan un papel crucial en la implementación de los ODS a nivel local, especialmente en comunidades vulnerables. Esto incluye programas de educación, salud y empoderamiento comunitario.

◔ **Participación ciudadana:**

⇕ La Agenda fomenta el activismo social y la responsabilidad ciudadana, promoviendo movimientos globales como Fridays for Future, liderados por jóvenes comprometidos con el cumplimiento de los objetivos.

Aunque se han logrado avances importantes en áreas como la reducción de la pobreza extrema y el acceso a energía renovable, aún persisten **desafíos** significativos:

➲ **Reducción de la pobreza:**

◔ Antes de la pandemia, el número de personas viviendo en pobreza extrema había disminuido significativamente. En regiones como Asia y América Latina, el crecimiento económico inclusivo (ODS 8) ha sido un factor clave para mejorar las condiciones de vida.

- Por ejemplo, entre 1990 y 2015, la pobreza extrema se redujo de un 36 % a menos del 10 % de la población mundial.

Avances en energías renovables:

- El acceso a energía asequible y limpia (ODS 7) ha mejorado considerablemente, con un aumento en la capacidad instalada de energías renovables, como la solar y la eólica.
- Por ejemplo, países como China, India y Estados Unidos lideran la inversión en energías limpias, acelerando la transición hacia un modelo energético más sostenible.

Educación de calidad:

- Aunque persisten desafíos, se han logrado avances en el acceso a la educación primaria y secundaria en muchas regiones del mundo. Los programas de alfabetización y la promoción de la igualdad de género en las aulas están teniendo impacto.
- Por ejemplo, en países como Ruanda y Etiopía se han implementado políticas que han reducido significativamente las brechas de género en la educación.

Alianzas globales:

- La cooperación internacional ha mejorado a través de alianzas estratégicas (ODS 17) que movilizan recursos y conocimientos para cumplir los objetivos. Iniciativas como el Fondo Verde para el Clima y la Alianza para la Educación Global han sido ejemplos exitosos de colaboración multilateral.
- Por ejemplo, la iniciativa COVAX ha distribuido vacunas contra el COVID-19 a países en desarrollo, promoviendo la equidad en la salud global.

Ciudades sostenibles:

- El desarrollo de ciudades inteligentes y sostenibles (ODS 11) ha mostrado cómo la innovación y la tecnología pueden mejorar la calidad de vida urbana. Proyectos en movilidad sostenible, eficiencia energética y gestión de residuos están en aumento.
- Por ejemplo, ciudades como Singapur, Copenhague y Medellín son reconocidas por integrar sostenibilidad y tecnología en sus políticas urbanas.

⊃ Protección de la biodiversidad:

  ◔ Se han fortalecido iniciativas para proteger la vida terrestre y marina (ODS 14 y 15), como la creación de áreas protegidas y programas de reforestación.
  ◔ Por ejemplo, Costa Rica ha duplicado su cobertura forestal y se ha convertido en un modelo de desarrollo sostenible.

La Agenda 2030 es un compromiso colectivo y universal para construir un futuro más sostenible e inclusivo. Aunque los desafíos son grandes, la colaboración global, las innovaciones tecnológicas y el compromiso ciudadano son claves para alcanzar los objetivos en el plazo establecido.

8. Cumplimiento de los ODS (17 ODS)

HILO CONDUCTOR

Con la creación de redes eléctricas inteligentes *(microgrids* comunitarios) que permitan a las comunidades generar y compartir energía solar, asegurando que las zonas residenciales puedan funcionar de manera independiente de la red principal en situaciones de emergencia, TechCity Solutions colabora en el cumplimiento del ODS 7, de energía asequible y no contaminante.

Los objetivos de desarrollo sostenible (ODS) son un conjunto de 17 objetivos globales establecidos por las Naciones Unidas en 2015 como parte de la Agenda 2030 para el desarrollo sostenible. Los ODS tienen como propósito erradicar la pobreza, proteger el planeta y asegurar la prosperidad para todos de aquí al año 2030.

Estos objetivos abordan los desafíos más apremiantes que enfrenta el mundo hoy, desde el cambio climático hasta la desigualdad económica, la degradación ambiental, la educación, la salud, la paz y la justicia.

Los 17 objetivos de desarrollo sostenible (ODS) son:

1. **Fin de la pobreza.** Erradicar la pobreza en todas sus formas en todo el mundo.
2. **Hambre cero.** Poner fin al hambre, lograr la seguridad alimentaria, mejorar la nutrición y promover la agricultura sostenible.

3. **Salud y bienestar.** Garantizar una vida sana y promover el bienestar para todos en todas las edades.
4. **Educación de calidad.** Asegurar una educación inclusiva, equitativa y de calidad, y promover oportunidades de aprendizaje para todos.
5. **Igualdad de género.** Lograr la igualdad entre los géneros y empoderar a todas las mujeres y niñas.
6. **Agua limpia y saneamiento.** Garantizar la disponibilidad de agua y su gestión sostenible y el saneamiento para todos.
7. **Energía asequible y no contaminante.** Asegurar el acceso a una energía asequible, fiable, sostenible y moderna para todos.
8. **Trabajo decente y crecimiento económico.** Promover el crecimiento económico sostenido, inclusivo y sostenible, el empleo pleno y productivo, y el trabajo decente para todos.
9. **Industria, innovación e infraestructura.** Construir infraestructuras resilientes, promover la industrialización inclusiva y sostenible, y fomentar la innovación.
10. **Reducción de las desigualdades.** Reducir la desigualdad en y entre los países.
11. **Ciudades y comunidades sostenibles.** Lograr que las ciudades y los asentamientos humanos sean inclusivos, seguros, resilientes y sostenibles.
12. **Producción y consumo responsables.** Garantizar modalidades de consumo y producción sostenibles.
13. **Acción por el clima.** Adoptar medidas urgentes para combatir el cambio climático y sus efectos.
14. **Vida submarina.** Conservar y utilizar de forma sostenible los océanos, los mares y los recursos marinos para el desarrollo sostenible.
15. **Vida de ecosistemas terrestres.** Proteger, restaurar y promover el uso sostenible de los ecosistemas terrestres, gestionar los bosques de manera sostenible, luchar contra la desertificación, detener e invertir la degradación de las tierras y detener la pérdida de biodiversidad.
16. **Paz, justicia e instituciones sólidas.** Promover sociedades pacíficas e inclusivas para el desarrollo sostenible, facilitar el acceso a la justicia para todos, y construir instituciones eficaces, responsables e inclusivas a todos los niveles.
17. **Alianzas para lograr los objetivos.** Fortalecer los medios de implementación y revitalizar la alianza mundial para el desarrollo sostenible.

Para lograr los ODS, la Agenda 2030 alienta la cooperación entre gobiernos, empresas, sociedad civil y ciudadanos. Cada país adapta los objetivos a su contexto nacional, desarrollando planes y estrategias para abordar sus desafíos específicos. Se promueven alianzas globales que movilicen recursos, conocimientos y tecnologías para avanzar en estos objetivos.

SABÍAS QUE...

Bután, un pequeño país del Himalaya, ha adoptado un enfoque único y holístico para el desarrollo sostenible, conocido como el **índice de felicidad nacional bruta (FNB).**

En lugar de medir el progreso únicamente a través del producto interno bruto (PIB), Bután decidió enfocarse en la felicidad y el bienestar de sus ciudadanos como el principal indicador de desarrollo. Este enfoque se basa en la idea de que el desarrollo económico debe ir de la mano con el desarrollo espiritual, cultural, social y ambiental.

¿Cómo se relaciona con los ODS? Mucho antes de que se adoptaran los ODS en 2015, Bután ya estaba implementando principios de sostenibilidad y bienestar que ahora se alinean perfectamente con la Agenda 2030. Algunos ejemplos incluyen:

1. ODS 3 (salud y bienestar): la filosofía del FNB se centra en la salud física y mental de los ciudadanos. Bután ha invertido significativamente en sistemas de salud y bienestar, asegurando que todos los ciudadanos tengan acceso a servicios de salud, incluyendo iniciativas de salud mental.
2. ODS 13 (acción por el clima): Bután es uno de los únicos países en el mundo con huella de carbono negativa, lo que significa que absorbe más dióxido de carbono del que emite. Esto es posible gracias a sus amplias políticas de conservación forestal y promoción de energías renovables.
3. ODS 15 (vida de ecosistemas terrestres): la protección de la biodiversidad es un componente esencial del FNB. Alrededor del 70 % del territorio de Bután está cubierto por bosques, y el gobierno ha implementado políticas estrictas para proteger sus recursos naturales y evitar la degradación ambiental.

En la historia de Bután destaca la idea de que el desarrollo sostenible no solo se trata de crecimiento económico, sino de crear un entorno equilibrado y saludable para todos.

Los **objetivos de desarrollo sostenible (ODS)** representan un compromiso sin precedentes para abordar los grandes desafíos de la humanidad de manera conjunta, inclusiva y sostenible. Su enfoque global, que abarca dimensiones sociales, económicas y ambientales, no solo busca mejorar la calidad de vida de las personas, sino también garantizar la salud del planeta para las generaciones futuras.

De los ODS, se pueden destacar las siguientes características:

Universalidad	Los ODS se aplican a todos los países, independientemente de su nivel de desarrollo. Esto significa que tanto países ricos como países en desarrollo tienen responsabilidades compartidas, aunque diferenciadas, en su implementación.
Interconexión de las metas	Los ODS no funcionan de forma aislada; están diseñados para ser interdependientes. Por ejemplo: - Mejorar la educación (ODS 4) puede contribuir a la igualdad de género (ODS 5) y al crecimiento económico inclusivo (ODS 8). - La acción climática (ODS 13) está directamente relacionada con la vida terrestre (ODS 15) y la vida submarina (ODS 14).
Participación multisectorial	Los ODS no son solo una responsabilidad de los gobiernos; empresas, ONG, instituciones académicas y ciudadanos juegan un papel crucial en su implementación, destacando la necesidad de alianzas sólidas (ODS 17).

Un aspecto clave de los ODS es que no solo dependen de políticas gubernamentales o de grandes inversiones, sino también de las pequeñas acciones cotidianas. Reducir el desperdicio de alimentos (ODS 12), optar por transporte sostenible (ODS 13) o apoyar la educación inclusiva (ODS 4) son ejemplos de cómo cada persona puede contribuir al cumplimiento de los objetivos.

Los **ODS ofrecen una visión compartida** de un mundo mejor. Representan un recordatorio de que el desarrollo no tiene que ser a costa de los recursos naturales ni a expensas de los más vulnerables. En lugar de eso, proponen un modelo que integre prosperidad económica, justicia social y sostenibilidad ambiental.

A pesar del potencial transformador de los objetivos de desarrollo sostenible (ODS), su implementación enfrenta desafíos significativos que han ralentizado o incluso revertido los avances en algunos objetivos clave. Estos retos son globales y multidimensionales, y requieren respuestas integrales y colaborativas. Por ejemplo, podemos destacar:

⭢ **Impacto de la pandemia de COVID-19:**

  ⭘ **Retrocesos en la erradicación de la pobreza (ODS 1):** según el Banco Mundial, la pandemia empujó a más de 100 millones de personas a la pobreza extrema, agravando la desigualdad en los países en desarrollo. Esto se traduce en un aumento de la brecha económica y social, especialmente en regiones como África subsahariana y Asia meridional.

  ⭘ **Colapso de sistemas de salud (ODS 3):** la presión sobre los sistemas sanitarios dejó a millones de personas sin acceso a tratamientos básicos y preventivos, aumentando la mortalidad por enfermedades evitables como la malaria, el VIH y la tuberculosis.

  ⭘ Los programas de vacunación infantil se interrumpieron en muchos países, lo que pudo generar brotes de enfermedades erradicadas, como el sarampión.

  ⭘ **Afectación en la educación (ODS 4):** el cierre de escuelas afectó a más de 1.600 millones de estudiantes en todo el mundo, y muchos en contextos vulnerables aún no han regresado a las aulas. La falta de acceso a tecnología para el aprendizaje remoto profundizó la brecha educativa entre ricos y pobres.

⭢ **Conflictos armados y desplazamientos forzados:**

  ⭘ **Impacto directo en los ODS 2, 11 y 16:** los conflictos armados, como los de Siria, Yemen y recientemente Ucrania, han devastado comunidades, destruyendo infraestructuras esenciales y desplazando a millones de personas.

  ⭘ La inseguridad alimentaria (ODS 2) se agrava en zonas de conflicto, donde la producción agrícola se detiene y las cadenas de suministro quedan interrumpidas.

  ⭘ La falta de paz y estabilidad (ODS 16) dificulta la implementación de cualquier programa relacionado con los ODS, ya que los recursos se destinan a atender emergencias en lugar de a iniciativas de desarrollo sostenible.

  ⭘ **Crisis de refugiados:** según ACNUR, más de 100 millones de personas viven como desplazados internos o refugiados, lo que pone presión adicional sobre los países receptores, particularmente en áreas urbanas (ODS 11).

⭢ **Cambio climático y desastres naturales:**

  ⭘ **Retrocesos en la acción climática (ODS 13):** las emisiones globales de gases de efecto invernadero no están disminuyendo al ritmo necesario para limitar el calentamiento global a 1,5 °C. Esto genera fenómenos climáticos extremos, como olas de calor, inundaciones y sequías.

Por ejemplo, en 2022 las inundaciones en Pakistán afectaron a más de 33 millones de personas, destruyendo infraestructuras y cultivos esenciales, lo que también impactó en los ODS 2 y 9.

◉ **Afectación de ecosistemas terrestres y marinos (ODS 14 y 15):** la degradación de los ecosistemas y la pérdida de biodiversidad se aceleran debido a actividades humanas como la deforestación, la sobrepesca y la contaminación.

La acidificación de los océanos amenaza la vida marina, afectando a las comunidades que dependen de la pesca para su sustento.

➲ **Financiación insuficiente:**

◉ **Brecha de financiación para los ODS:** la ONU estima que se necesitan al menos 4 billones de dólares anuales para cumplir los ODS, pero la pandemia y otras crisis han reducido los recursos disponibles. Los países en desarrollo enfrentan limitaciones severas para movilizar recursos, con muchos destinando gran parte de su presupuesto al servicio de la deuda externa.

◉ **Inversión desigual:** mientras que los países desarrollados pueden financiar políticas sostenibles, los países en desarrollo dependen de ayuda internacional y préstamos. Esto genera una implementación desigual de los ODS.

Por ejemplo, los países africanos reciben solo una fracción de los fondos internacionales destinados a combatir el cambio climático, a pesar de ser los más afectados.

➲ **Falta de coordinación global:**

◉ **Implementación desigual:** aunque algunos países han integrado los ODS en sus políticas nacionales, otros carecen de estrategias claras o recursos para implementarlos, creando un progreso desequilibrado. Las prioridades nacionales a menudo no se alinean con las metas globales, lo que dificulta una colaboración efectiva entre países.

◉ **Debilidad institucional:** en muchos casos, las instituciones encargadas de implementar los ODS carecen de capacidades técnicas o de financiamiento suficiente, lo que ralentiza los avances.

NOTA

Los **objetivos de desarrollo sostenible (ODS)** representan el esfuerzo más ambicioso de la humanidad para abordar los desafíos globales de manera integral.

Continúa en página siguiente >>

<< Viene de página anterior

Una nota destacada es que, según el *Informe de Desarrollo Sostenible 2023,* **ningún país del mundo está completamente en camino de cumplir todos los ODS para 2030,** lo que refleja la magnitud de los retos y la necesidad de acelerar las acciones en los años restantes.

Se estima que alcanzar los ODS requiere una inversión anual de, al menos, **4-5 billones de dólares,** y actualmente existe una brecha de financiación significativa, especialmente en los países en desarrollo. A pesar de ello, los avances en áreas como la expansión de las energías renovables (ODS 7) y la reducción de la pobreza extrema (ODS 1) demuestran que el progreso es posible con compromisos firmes y sostenidos.

 ## ACTIVIDAD COMPLEMENTARIA

1. Potencia el conocimiento y análisis crítico de los 17 objetivos de desarrollo sostenible (ODS), relacionándolos con iniciativas locales que contribuyen a su cumplimiento.

   Una vez analizados los 17 ODS, investiga y analiza cuáles de ellos se están desarrollando en tu entorno cercano.
   Para ello, busca información sobre el ODS seleccionado (su objetivo principal, metas específicas y su importancia global), además de identificar un proyecto local (de tu localidad o ciudad) que esté alineado con este ODS.
   Por último, responde a los siguientes interrogantes:

   a. ¿Qué problema busca resolver?
   b. ¿Qué acciones se están implementando?
   c. ¿Qué impacto ha tenido en la comunidad?

9. Aplicación de los *big* 5 a las *smart cities* (*blockchain*, inteligencia artificial, *big data*, IOT, realidad aumentada)

HILO CONDUCTOR

TechCity Solutions ha creado *CityChain*, una plataforma de gestión urbana que utiliza *blockchain* para proporcionar transparencia y seguridad en las transacciones y contratos inteligentes entre la ciudad, empresas y ciudadanos. Además, la plataforma integra datos recopilados a través de sensores IoT para monitorear recursos en tiempo real (agua, electricidad, tráfico) y usar IA para analizar estos datos y optimizar la distribución de servicios.

Además, ha presentado en proyecto otra aplicación, *EcoPath*, una aplicación de movilidad urbana que combina tecnologías para ofrecer a los ciudadanos la forma más sostenible y eficiente de desplazarse por la ciudad. Utilizando *big data* e IA, la aplicación analiza datos de tráfico, transporte público, bicicletas compartidas y estaciones de carga para vehículos eléctricos, ofreciendo rutas optimizadas que minimicen la huella de carbono. Además, IoT proporciona información en tiempo real sobre la disponibilidad de transporte, y la RA permite a los usuarios ver información sobre estaciones cercanas, puntos de carga y rutas en sus teléfonos.

En el contexto de las *smart cities, big* 5 se refiere a cinco tecnologías clave que están transformando la manera en que se gestionan las ciudades y se brindan servicios a los ciudadanos. Cada una de estas tecnologías aporta soluciones innovadoras que pueden mejorar la eficiencia, sostenibilidad y calidad de vida en las ciudades

Exploramos cómo se aplican estas tecnologías en el contexto de las *smart cities* y qué beneficios aportan:

- ***Blockchain.*** Es una tecnología que permite la creación de registros digitales seguros, inmutables y transparentes. Aunque es más conocido por su uso en las criptomonedas, el *blockchain* tiene numerosas aplicaciones que pueden mejorar la gestión urbana:
  - Gestión de datos y contratos inteligentes
  - Trazabilidad y transparencia
  - Identidad digital segura

- **Inteligencia artificial (IA).** La IA permite a las ciudades analizar grandes volúmenes de datos, identificar patrones y tomar decisiones más informadas. La IA puede optimizar desde el tráfico hasta la seguridad pública, ofreciendo soluciones personalizadas y predictivas:

  - Gestión del tráfico
  - Mantenimiento predictivo
  - Seguridad y vigilancia inteligente: con la IA, las ciudades pueden detectar actividades sospechosas en tiempo real.

- ***Big data.*** Se refiere al análisis de grandes volúmenes de datos para encontrar patrones, tendencias y relaciones que pueden ser difíciles de identificar con métodos tradicionales. En las *smart cities, big data* permite mejorar la toma de decisiones en tiempo real:

  - Planificación urbana
  - Optimización de servicios públicos
  - Personalización de servicios

- **Internet de las cosas (IoT).** Permite conectar dispositivos físicos (sensores, cámaras, luces, vehículos) a internet, creando una red interconectada que recopila y comparte datos en tiempo real. Esta tecnología es fundamental para el funcionamiento de una ciudad inteligente:

  - Sensores de calidad del aire
  - Iluminación pública inteligente
  - Monitoreo de infraestructuras

- **Realidad aumentada (RA).** Superpone información digital al mundo físico, permitiendo a las personas interactuar con su entorno de nuevas maneras. En las *smart cities,* la RA puede mejorar la experiencia de los ciudadanos y visitantes:

  - Guías turísticas interactivas
  - Mantenimiento urbano
  - Planificación urbana participativa

Algunos ejemplos de aplicación de los *big* 5 en las *smart cities* se describen a continuación:

- ***Blockchain:***
  - Transparencia y seguridad:
    - Aplicación en la gestión de datos públicos, garantizando transparencia y seguridad en transacciones como pagos de impuestos, licencias y contratos municipales.
    - Por ejemplo, el registro descentralizado de propiedad para reducir fraudes en bienes raíces.
  - Energía renovable y comercio local:
    - Uso en redes de energía para permitir el intercambio de excedentes de energía solar entre ciudadanos mediante contratos inteligentes.
    - Por ejemplo, proyectos como Power Ledger, que facilitan el comercio de energía entre vecinos.
  - Gestión de identidades digitales:
    - Simplifica el acceso a servicios municipales, como transporte o votaciones, mediante identidades digitales seguras.
- **Inteligencia artificial (IA):**
  - Optimización de servicios:
    - Aplicación en sistemas de tráfico inteligentes que ajustan la sincronización de semáforos en tiempo real para reducir la congestión.
    - Predicción del uso de transporte público, permitiendo ajustar rutas y horarios según la demanda.
  - Análisis predictivo:
    - Anticipación de fallos en infraestructuras urbanas, como sistemas de agua o electricidad, reduciendo costes y tiempos de reparación.
  - Seguridad ciudadana:
    - Uso de cámaras con IA para detectar comportamientos anómalos, mejorar la respuesta a emergencias y prevenir delitos.

- Salud y bienestar:

  - Monitoreo de patrones de contaminación y propuestas de soluciones basadas en análisis en tiempo real.

➲ *Big data:*

- Gestión de datos masivos:

  - Recopilación y análisis de grandes volúmenes de datos generados por sensores, dispositivos y ciudadanos para tomar decisiones informadas.

- Planificación urbana:

  - Análisis del flujo de personas para diseñar mejores infraestructuras, optimizar el uso del espacio público y reducir tiempos de desplazamiento.

- Gestión de residuos:

  - Uso de datos para optimizar rutas de recolección y minimizar costes operativos.

- Participación ciudadana:

  - Análisis de redes sociales y plataformas digitales para identificar prioridades y problemas clave en tiempo real.

➲ **Internet de las cosas (IoT):**

- Sensores urbanos:

  - Sensores IoT en alumbrado público, sistemas de riego y gestión de tráfico para optimizar el consumo de energía y agua.
  - Por ejemplo, la iluminación inteligente que se ajusta según la presencia de personas o vehículos.

- Viviendas inteligentes:

  - IoT en hogares para controlar el consumo de energía, agua y otros recursos mediante dispositivos conectados.

> **◐ Monitoreo ambiental:**
>
> > ⇕ Sensores para medir la calidad del aire, niveles de ruido y riesgos climáticos, alertando a las autoridades y ciudadanos en tiempo real.

> **◐ Movilidad conectada:**
>
> > ⇕ Aplicación en vehículos autónomos y sistemas de transporte público para mejorar la eficiencia y reducir emisiones.

➲ Realidad aumentada (RA):

> **◐ Turismo y cultura:**
>
> > ⇕ Uso de RA para enriquecer la experiencia turística mediante aplicaciones que superponen información histórica, cultural o arquitectónica sobre monumentos y sitios emblemáticos.
> > ⇕ Por ejemplo, guías turísticas interactivas que combinan mapas y datos históricos en tiempo real.

> **◐ Participación ciudadana:**
>
> > ⇕ Aplicaciones que permiten a los ciudadanos visualizar proyectos urbanísticos antes de su construcción, promoviendo un debate más informado.

> **◐ Mantenimiento urbano:**
>
> > ⇕ Soporte técnico con RA para que los trabajadores de servicios urbanos puedan reparar infraestructuras más rápido y con menos errores.

> **◐ Educación interactiva:**
>
> > ⇕ Proyectos educativos urbanos que utilizan RA para enseñar a ciudadanos sobre sostenibilidad, biodiversidad local y la historia de la ciudad.

◁◎▷ EJEMPLO

La ciudad de **Dubai (EAU)** está utilizando *blockchain* para digitalizar todos sus trámites gubernamentales, eliminando el uso de papel y asegurando que todos los datos sean seguros y accesibles para los ciudadanos y empresas.

En **Barcelona (España)** se han implementado sistemas de IA para analizar los patrones de tráfico en tiempo real y ajustar la sincronización de los semáforos, reduciendo los atascos en la ciudad.

Copenhague (Dinamarca) utiliza *big data* para gestionar el flujo de bicicletas, ajustando rutas y facilitando el acceso a ciclistas, lo que fomenta el uso del transporte sostenible y reduce el tráfico.

En **Santander (España)** se han instalado más de 20.000 sensores IoT para monitorear el tráfico, la calidad del aire, el nivel de ruido y la disponibilidad de estacionamiento, mejorando la gestión urbana y la calidad de vida.

La ciudad de **Nueva York (EE. UU.)** ha utilizado RA para crear una guía interactiva que permite a los turistas aprender sobre la historia de la ciudad mientras caminan por las calles, simplemente utilizando sus teléfonos inteligentes.

SABÍAS QUE...

Un caso curioso y revolucionario es el uso de *blockchain* e IoT en Songdo, Corea del Sur, una de las primeras *smart cities* totalmente planificadas del mundo. Aquí, los cubos de basura están conectados a una red IoT, pero lo sorprendente es que no solo notifican cuándo están llenos, sino que cada ciudadano tiene una identificación personal para desechar basura.

¿Qué ocurre?

- Los contenedores de basura pesan y analizan los residuos de cada usuario en tiempo real.
- *Blockchain* registra las transacciones para garantizar transparencia y trazabilidad, asegurando que los ciudadanos paguen una tarifa proporcional a la cantidad de residuos generados (modelo *pay-as-you-throw)*.

Continúa en página siguiente >>

<< Viene de página anterior

- Los datos recopilados se utilizan para optimizar la gestión de residuos y fomentar el reciclaje, reduciendo significativamente los desechos enviados a vertederos.

Este sistema ha creado un comportamiento único: los ciudadanos son más conscientes de cuánto desecho generan, llegando incluso a competencias amistosas entre vecinos para reducir residuos. Este modelo demuestra cómo la integración creativa de tecnologías puede transformar no solo la eficiencia urbana, sino también los hábitos de los ciudadanos.

EJEMPLO

Un ejemplo fascinante es el uso de **realidad aumentada (RA)** en **Copenhague, Dinamarca,** para visualizar proyectos de urbanismo sostenible. Los ciudadanos pueden usar una *app* móvil para caminar por la ciudad y ver en tiempo real cómo se verían futuros parques, edificios verdes o zonas peatonales antes de su construcción. Este enfoque ha aumentado la participación ciudadana en los debates sobre urbanismo, lo que demuestra que la RA no solo es tecnológica, sino también inclusiva.

TAREA 1

Imagina que eres parte del equipo de desarrollo urbano de TechCity Solutions. La empresa ha sido seleccionada para liderar un proyecto en una ciudad europea mediana que desea convertirse en un referente de *smart city*. El objetivo principal del proyecto es mejorar la movilidad urbana reduciendo la congestión del tráfico y fomentando el uso de medios de transporte sostenibles, como bicicletas, transporte público eléctrico y vehículos compartidos.

Actualmente, la ciudad enfrenta varios problemas:

1. Congestión en las horas pico, especialmente en el centro de la ciudad.
2. Uso excesivo de vehículos privados que provoca altos niveles de emisiones de CO_2.

Continúa en página siguiente >>

<< Viene de página anterior

3. Falta de infraestructuras adecuadas para bicicletas y vehículos eléctricos.
4. Baja integración entre diferentes opciones de transporte, lo que dificulta a los ciudadanos combinar medios de transporte para sus desplazamientos diarios.

TechCity Solutions ha decidido implementar una plataforma que integre *big data*, IoT e inteligencia artificial (IA) para analizar datos de tráfico en tiempo real, optimizar rutas de transporte y ofrecer recomendaciones a los ciudadanos. Además, se planea introducir incentivos para la movilidad sostenible a través de una aplicación que premie a quienes usen transporte público, bicicletas compartidas o vehículos eléctricos.

Plantea una propuesta para mejorar la movilidad urbana de esta ciudad mediante la implementación de una solución tecnológica basada en alguno de los conceptos vistos en la unidad.

Explica qué tecnología(s) utilizarías (por ejemplo, IA, *big data*, IoT, *blockchain*, RA), cómo se integraría en la plataforma y qué beneficios específicos aportaría a la movilidad sostenible de la ciudad.

---

10. Casos de éxito - casos de fracasos

☞ HILO CONDUCTOR

TechCity Solutions ha desarrollado una aplicación innovadora que se centra en la integración de datos urbanos y movilidad sostenible. Esta aplicación se inspira en el enfoque de Singapur y Ámsterdam, que han utilizado datos abiertos, movilidad inteligente y sostenibilidad para mejorar la calidad de vida en sus ciudades. *CityFlow* sería una plataforma integral que centraliza la gestión de la movilidad urbana, optimizando el flujo de personas y vehículos, mejorando la accesibilidad y reduciendo las emisiones.

El desarrollo de *smart cities* ha traído numerosos avances tecnológicos y mejoras en la calidad de vida de los ciudadanos, pero también ha enfrentado desafíos y situaciones que no resultaron como se esperaba. Analizar casos de éxito y fracaso es esencial para entender qué prácticas y tecnologías funcionan y cuáles deben reconsiderarse o mejorarse. Este análisis ayuda a aprender de las experiencias pasadas, identificar oportunidades y evitar errores comunes en la implementación de sus propias soluciones para ciudades inteligentes.

Al planificar nuevas soluciones para ciudades inteligentes, es crucial tener en cuenta no solo la tecnología, sino también el contexto social, económico y cultural en el que se aplicará. La clave del éxito radica en crear soluciones que sean sostenibles, inclusivas y adaptables, asegurando que las ciudades puedan crecer y prosperar con la tecnología, sin perder de vista las necesidades de sus habitantes. De lo contrario, nos podemos encontrar con rotundos fracasos, por muy buena intención que se tenga en implantar tecnología.

10.1. Casos de éxitos

Algunos casos de implantación exitosa de *smart city* son:

- ⮑ **Movilidad y gestión urbana (Barcelona).** La ciudad ha implementado una variedad de tecnologías que mejoran la vida urbana, desde sistemas inteligentes de movilidad hasta gestión de residuos y energía:

  - ⥁ **Sensores IoT y *big data:*** Barcelona ha desplegado miles de sensores IoT en la ciudad para monitorear el tráfico, la calidad del aire, el ruido y la gestión de residuos. Los datos recopilados se analizan para optimizar el tráfico y mejorar la eficiencia energética.
  - ⥁ **Infraestructura de transporte inteligente:** la ciudad ha desarrollado aplicaciones móviles que ayudan a los ciudadanos a planificar rutas, utilizando el transporte público, bicicletas compartidas y vehículos eléctricos. Los semáforos inteligentes ajustan su temporización para mejorar el flujo del tráfico.
  - ⥁ **Plataformas de participación ciudadana:** Barcelona ha promovido la transparencia y la participación ciudadana a través de plataformas digitales que permiten a los ciudadanos involucrarse en decisiones locales.

- ⮑ **Movilidad sostenible y energía limpia (Copenhague).** Copenhague es una de las ciudades más sostenibles del mundo, y se ha fijado el ambicioso objetivo de ser neutra en carbono para 2025. La ciudad ha adoptado numerosas iniciativas de movilidad sostenible y energías renovables que la han convertido en un ejemplo a seguir:

  - ⥁ **Red de bicicletas y superautopistas para ciclistas:** Copenhague ha construido una extensa red de carriles para bicicletas y "supercarriles" que conectan la ciudad con sus alrededores. Esto ha fomentado el uso masivo de la bicicleta como medio de transporte diario.

◐ **Integración de energías renovables:** la ciudad utiliza energía eólica, solar y biomasa para abastecer sus necesidades energéticas, reduciendo significativamente las emisiones de CO_2.

◐ **Plataformas de datos abiertos:** Copenhague ha desarrollado plataformas que permiten a las empresas y ciudadanos acceder a datos sobre el tráfico, la calidad del aire y el consumo energético para fomentar la innovación.

➲ **Ciudad ecológica (Masdar City, Emiratos Árabes Unidos).** Masdar City fue diseñada como una ciudad sostenible y ecológica desde su fundación. La ciudad utiliza energía renovable y ha implementado tecnologías avanzadas para crear un entorno de baja emisión de carbono:

◐ **Diseño de baja energía:** Masdar City ha sido diseñada para reducir el consumo de energía mediante el uso de materiales ecológicos, sistemas de gestión de energía inteligente y energía solar.

◐ **Movilidad eléctrica:** la ciudad cuenta con un sistema de vehículos eléctricos autónomos que operan sin conductores, ofreciendo transporte limpio y eficiente a los residentes.

◐ **Infraestructuras de eficiencia energética:** edificios diseñados para aprovechar la luz natural y reducir la necesidad de aire acondicionado, junto con sistemas de gestión de residuos avanzados.

➲ **Integración tecnológica y gobernanza inteligente (Singapur).** Singapur es reconocida mundialmente como una de las *smart cities* más avanzadas, gracias a su enfoque en la integración tecnológica y la gobernanza eficiente. La ciudad-Estado ha implementado una serie de soluciones tecnológicas para mejorar la vida de sus ciudadanos y optimizar la gestión urbana:

◐ **Plataforma de datos integrados *(Virtual Singapore):*** Singapur ha desarrollado una plataforma que permite a las autoridades visualizar y analizar datos urbanos en tiempo real. Esta plataforma se utiliza para gestionar el tráfico, planificar el desarrollo urbano y optimizar los servicios públicos.

◐ **E-Gobierno y servicios digitales:** Singapur ofrece una amplia gama de servicios gubernamentales en línea, permitiendo a los ciudadanos realizar trámites administrativos fácilmente a través de aplicaciones móviles. Esto incluye la gestión de impuestos, servicios de salud y registros de vehículos.

◐ **Iniciativas de movilidad inteligente:** la ciudad ha invertido en sistemas de transporte autónomos, redes de transporte público eficientes y bicicletas compartidas para reducir la congestión y las emisiones de carbono.

- **Sostenibilidad y datos abiertos (Ámsterdam).** Ámsterdam ha sido pionera en el desarrollo de soluciones sostenibles y el uso de datos abiertos para mejorar la calidad de vida de sus ciudadanos. La ciudad se ha centrado en iniciativas ecológicas y en fomentar la colaboración entre el gobierno, las empresas y los ciudadanos:

  - **Plataformas de datos abiertos:** Ámsterdam ha implementado una política de datos abiertos, que permite a las *startups* y empresas desarrollar aplicaciones innovadoras para mejorar la movilidad, la gestión de residuos y otros servicios urbanos.
  - **Sostenibilidad y eficiencia energética:** la ciudad ha adoptado medidas para fomentar el uso de energías renovables, como la instalación de paneles solares en edificios públicos y la promoción de vehículos eléctricos mediante la expansión de puntos de carga. Además, cuenta con programas para mejorar la eficiencia energética en viviendas y oficinas.
  - **Movilidad eléctrica e inteligente:** Ámsterdam ha implementado sistemas de transporte eléctrico y un sistema de gestión del tráfico que utiliza sensores y cámaras para reducir la congestión.

Valencia lidera proyectos innovadores, como la simulación de la reconstrucción de Ucrania utilizando inteligencia artificial. Este proyecto permite modelar digitalmente políticas urbanas antes de su implementación real, promoviendo soluciones sostenibles y eficientes.

La ciudad ha emergido como un referente en la implementación de tecnologías inteligentes para mejorar la calidad de vida de sus habitantes y promover la sostenibilidad urbana. A continuación, se detallan algunas de las iniciativas más destacadas:

- **Plataforma *VLCi*.** Es el núcleo de la estrategia de ciudad inteligente de Valencia. Esta plataforma integra datos de diversas fuentes municipales, permitiendo una gestión eficiente de los servicios públicos y facilitando la toma de decisiones basadas en información en tiempo real.
- **Gestión inteligente de residuos.** Valencia ha implementado contenedores inteligentes equipados con sensores que informan en tiempo real sobre su nivel de llenado. Esta tecnología optimiza las rutas de recogida, evitando desbordamientos y reduciendo las emisiones asociadas al transporte de residuos.
- **Alumbrado público inteligente.** La ciudad ha desarrollado un sistema de alumbrado público que ajusta la intensidad de la luz según la presencia

de peatones y vehículos, lo que contribuye al ahorro energético y reduce la contaminación lumínica.

⮞ **Movilidad sostenible.** Valencia promueve el uso de bicicletas a través del sistema de alquiler **Valenbisi,** que cuenta con más de 275 estaciones distribuidas por la ciudad. Además, se están implementando plazas de aparcamiento inteligentes equipadas con sensores que informan sobre su disponibilidad en tiempo real, facilitando el estacionamiento y reduciendo la congestión vehicular.

⮞ **Proyecto Horta-Tech.** En el ámbito agrícola, Valencia ha desarrollado el proyecto **Horta-Tech,** que utiliza fibra óptica y sensores para monitorizar en tiempo real el caudal de las acequias en la huerta valenciana. Esta iniciativa optimiza la gestión del agua, apoya la sostenibilidad y reduce los tiempos de espera para los agricultores mediante una plataforma digital.

⮞ **Digitalización del patrimonio cultural.** El Ayuntamiento de Valencia ha destinado fondos europeos para digitalizar los principales museos y monumentos de la ciudad, permitiendo visitas virtuales a través de fotografías panorámicas de 360 grados en alta resolución. Esta iniciativa busca hacer accesible el patrimonio cultural a un público más amplio y preservar digitalmente estos espacios históricos.

⮞ **Simulación de la reconstrucción de Ucrania.** Valencia lidera un proyecto que utiliza inteligencia artificial para simular la reconstrucción de Ucrania tras el conflicto bélico. Este proyecto permite modelar digitalmente políticas urbanas innovadoras antes de su implementación real, demostrando el compromiso de la ciudad con la innovación y la cooperación internacional.

 **EJEMPLO**

Medellín, Colombia. De la inseguridad a la innovación

En los años 80 y 90, Medellín era conocida como una de las ciudades más peligrosas del mundo debido al narcotráfico y a la violencia. El crecimiento urbano descontrolado llevó a problemas como:

• Falta de acceso a servicios básicos en las zonas más pobres.
• Aislamiento de los barrios marginales ubicados en terrenos montañosos.
• Infraestructuras deficientes y un transporte público ineficaz.

En las primeras etapas, las iniciativas para mejorar la ciudad se centraron únicamente en fortalecer la seguridad mediante una mayor presencia policial y control del territorio. Sin embargo, estas medidas no abordaron las causas

Continúa en página siguiente >>

<< Viene de página anterior

estructurales de los problemas, como la exclusión social y la falta de oportunidades económicas.

A partir del año 2000, Medellín cambió radicalmente su enfoque, adoptando
estrategias integrales que combinaron tecnología, sostenibilidad y participación
ciudadana:

1. **Sistema de transporte integrado.** Implementación del **Metrocable,** un
   sistema de teleféricos que conecta los barrios marginales de las montañas
   con el centro de la ciudad, reduciendo los tiempos de viaje y mejorando el
   acceso a servicios básicos.
2. **Innovación social.** Creación de espacios públicos, como **bibliotecas
   parque,** que no solo fomentaron la educación, sino que también sirvieron
   como puntos de encuentro comunitario.
3. **Tecnología e inclusión.** Inversiones en educación tecnológica a través de
   proyectos como el **Parque Explora,** un centro interactivo para la innovación
   científica y tecnológica.
4. **Participación ciudadana.** Las autoridades locales involucraron a los
   ciudadanos en el diseño de proyectos urbanos, fomentando un sentido de
   pertenencia y corresponsabilidad.
5. **Uso de *big data*.** Medellín utiliza datos para monitorear la calidad del
   aire, optimizar el tráfico y mejorar la seguridad en zonas críticas mediante
   el análisis predictivo.

Estas estrategias trajeron consigo los siguientes **resultados:**

- Reducción significativa de los índices de criminalidad.
- Reconocimientos internacionales, como el premio a la ciudad más innovadora
  del mundo en 2013, otorgado por el Urban Land Institute.
- Transformación en un modelo de *smart city* que combina tecnología y cohesión social.

Otras ciudades con transformaciones exitosas son las siguientes:

➲ **Barcelona, España:**

   ◔ **Problema inicial:** en la década de 1980, Barcelona enfrentaba problemas de planificación urbana y pérdida de identidad tras años de
   dictadura.

◑ **Reinvención:** a partir de los Juegos Olímpicos de 1992, la ciudad comenzó a integrar tecnología, transporte sostenible y espacios públicos inteligentes, convirtiéndose en un referente mundial en *smart cities.*

➲ **Kitakyushu, Japón:**

◑ **Problema inicial:** en los años 60, esta ciudad era conocida como una de las más contaminadas de Japón, debido a su fuerte industrialización.

◑ **Reinvención:** Kitakyushu implementó tecnologías sostenibles, redujo drásticamente sus emisiones y ahora es líder en gestión ambiental y economía circular.

 ACTIVIDAD COMPLEMENTARIA

2. Hoy en día, en casi todas las ciudades hay algún proyecto relacionado con la implantación de las nuevas tecnologías para beneficio de los ciudadanos. Investiga y analiza un proyecto de *smart city* que se esté llevando a cabo en tu ciudad, provincia o comunidad autónoma, identificando sus características principales, objetivos y los beneficios que aporta a la comunidad.

10.2. Casos de fracasos

No siempre se ha llegado al éxito en la implantación de las *smart cities;* también se han producido sonados fracasos de los que se ha conseguido obtener grandes enseñanzas. Por ejemplo:

➲ **La ciudad del futuro (Songdo, Corea del Sur).** Songdo fue construida como una ciudad inteligente y futurista, con tecnología avanzada para todo, desde edificios de oficinas hasta viviendas. Sin embargo, no ha alcanzado las expectativas iniciales.
Los elementos problemáticos fueron:

◑ **Falta de vida comunitaria:** Songdo ha sido criticada por ser una ciudad "vacía", sin la vibrante vida urbana que caracteriza a otras metrópolis. La falta de servicios, cultura y atracciones ha hecho que la ciudad se sienta despersonalizada.

◑ **Altos costes de vida:** vivir en Songdo es costoso, lo que ha limitado la cantidad de residentes y empresas que se han establecido allí.

- **Tecnología sin uso efectivo:** aunque Songdo está equipada con tecnologías avanzadas, como redes IoT y sistemas de automatización en edificios, muchas de estas características no se han utilizado por completo debido a la falta de adopción por parte de los residentes.

- **Sidewalk Labs (Toronto, Canadá).** Sidewalk Labs, una filial de Alphabet (empresa matriz de Google), propuso un ambicioso proyecto para construir un barrio inteligente en la costa de Toronto, pero el proyecto fue finalmente cancelado en 2020 por preocupaciones de privacidad.
  Los elementos problemáticos fueron:

  - **Preocupaciones sobre privacidad:** una de las principales razones del fracaso fue la preocupación por la privacidad de los datos. Los ciudadanos y activistas expresaron inquietudes sobre la cantidad de datos que se recopilarían y cómo se utilizarían, generando una resistencia significativa al proyecto.
  - **Conflictos de intereses:** los planes de Sidewalk Labs incluían asumir roles que tradicionalmente pertenecen al gobierno, lo que creó tensiones sobre quién controlaría el desarrollo urbano y la gestión de la ciudad.
  - **Dificultades económicas:** aunque el proyecto tenía ambiciones innovadoras, resultó ser financieramente inviable bajo las condiciones económicas actuales y los costes asociados a las tecnologías que se planeaban implementar.

- **Hudson Yards (Nueva York).** Hudson Yards fue concebido como un complejo urbano de alta tecnología en Nueva York, diseñado para ser uno de los desarrollos más innovadores y sostenibles de la ciudad. A pesar de sus ambiciones, el proyecto ha sido criticado por no cumplir las expectativas en términos de integración social y accesibilidad.
  Los elementos problemáticos fueron:

  - **Desconexión con la comunidad:** aunque Hudson Yards implementó tecnologías avanzadas, como redes inteligentes de energía y sistemas de recolección de residuos automatizados, el proyecto ha sido criticado por no estar diseñado para la comunidad local. Se ha convertido en un espacio para las élites, alejado de las necesidades de los residentes de Nueva York.
  - **Falta de sostenibilidad social:** Hudson Yards ha sido criticado por enfocarse en la tecnología y el lujo, sin considerar aspectos clave de la sostenibilidad social, como la accesibilidad, la inclusión y la asequibilidad de la vivienda. Esto ha generado una percepción de que es un enclave exclusivo y aislado.

U **Altos costes y complejidad:** la magnitud del proyecto, junto con la implementación de tecnologías caras, resultó en altos costes de mantenimiento y dificultades para atraer a una población diversa.

Э **Problemas con la sostenibilidad (Santander).** Santander fue una de las primeras ciudades en España en adoptar un enfoque de *smart city,* con la instalación de miles de sensores IoT para monitorear aspectos como el tráfico, la calidad del aire y el consumo de agua. A pesar de su inicio prometedor, el proyecto ha enfrentado problemas de sostenibilidad y mantenimiento.

Los elementos problemáticos fueron:

U **Altos costes de mantenimiento:** aunque la instalación de sensores y tecnología IoT mejoró inicialmente la gestión urbana, el mantenimiento continuo de esta infraestructura resultó ser costoso y difícil de sostener a largo plazo. La ciudad tuvo dificultades para financiar el mantenimiento y la actualización de los sistemas.

U **Problemas de interoperabilidad:** con el tiempo, la falta de interoperabilidad entre diferentes sistemas y proveedores de tecnología causó problemas para la gestión eficiente de los datos. La integración de nuevas tecnologías se volvió complicada, lo que afectó la efectividad de las soluciones implementadas.

U **Expectativas no cumplidas:** aunque se promocionó como un ejemplo de ciudad inteligente, muchas de las promesas iniciales no se cumplieron completamente, lo que llevó a una pérdida de confianza entre los ciudadanos y los inversores.

Y no son los únicos casos; tampoco han logrado el éxito propuesto:

Э **Smart Street Lighting (Chicago):**

U **Contexto:** Chicago implementó un sistema de alumbrado público inteligente para optimizar el consumo de energía y reducir costes.

U **Problema:**

⇧ Fallos técnicos y retrasos en la instalación afectaron la percepción del proyecto.

⇧ Además, los sensores instalados no cumplieron con las expectativas de monitorear la calidad del aire y el tráfico, desperdiciando recursos.

U **Lección:** los proyectos tecnológicos deben pasar por pruebas rigurosas antes de su implementación a gran escala.

➲ **Ciudad inteligente (India, Dholera):**

◒ **Contexto:** como parte de la iniciativa *Smart Cities Mission* en India, Dholera se presentó como una ciudad inteligente planificada para atraer inversiones y resolver problemas urbanos.

◒ **Problema:**

⇕ La ciudad ha avanzado lentamente debido a problemas de financiación, falta de infraestructura básica y poca conexión con los centros urbanos existentes.

⇕ Los objetivos iniciales de atraer grandes cantidades de residentes y empresas no se han cumplido.

◒ **Lección:** la conectividad con otras regiones y la infraestructura básica deben ser prioridades antes de invertir en tecnologías avanzadas.

Estos casos subrayan que el éxito de una *smart city* no depende solo de la tecnología, sino también de una planificación estratégica, una ejecución sólida y un enfoque centrado en las personas. Algunas causas comunes en el fracaso son:

➲ **Falta de aceptación ciudadana:**

◒ Problemas de comunicación:

⇕ En muchos casos, los ciudadanos no están adecuadamente informados sobre los objetivos, beneficios y cambios asociados a los proyectos de *smart cities*. Esto puede generar desconfianza y resistencia.

◒ Temor por la privacidad:

⇕ Los proyectos que involucran tecnologías como cámaras de vigilancia, sensores IoT y análisis de datos pueden percibirse como invasivos. El caso de Sidewalk Labs en Toronto es un ejemplo claro, donde la preocupación por la recopilación y uso de datos llevó a una fuerte oposición ciudadana.

◒ Costes percibidos:

⇕ Si los proyectos se financian mediante aumentos en tarifas públicas o impuestos, es probable que los residentes rechacen la iniciativa si no perciben beneficios claros y tangibles.

⮑ **Desconexión con las necesidades reales:**

　◍ Enfoque excesivo en la tecnología:

　　⇕ Algunos proyectos priorizan la implementación de tecnologías avanzadas sin considerar si estas responden a los problemas cotidianos de los ciudadanos.

　　⇕ Por ejemplo, en Songdo (Corea del Sur), la ciudad fue diseñada con tecnologías punta, pero carecía de servicios básicos y de una atmósfera comunitaria atractiva, lo que limitó su habitabilidad.

　◍ Falta de planificación integral:

　　⇕ Un diseño fragmentado o desarticulado puede resultar en tecnologías aisladas que no interactúan eficientemente entre sí, generando una ciudad inteligente pero funcionalmente ineficaz.

⮑ **Problemas financieros:**

　◍ Presupuestos mal calculados:

　　⇕ Muchos proyectos subestiman los costes iniciales de implementación o los gastos operativos a largo plazo, lo que lleva a paralizaciones o recortes significativos.

　◍ Dependencia de inversiones externas:

　　⇕ En proyectos financiados por inversionistas privados, la falta de retornos inmediatos puede desincentivar el compromiso financiero, como ocurrió en Masdar City (EAU), donde el alto coste de construcción superó las expectativas de inversión.

　◍ Falta de apoyo público:

　　⇕ Si los gobiernos no logran asegurar financiamiento a través de impuestos o asociaciones público-privadas, los proyectos pueden quedarse a medio camino.

⮑ **Infraestructura insuficiente:**

　◍ Carencia de servicios básicos:

　　⇕ Antes de implementar tecnologías avanzadas, una ciudad debe contar con infraestructura básica adecuada: agua, electricidad, transporte y viviendas. Cuando estas necesidades no se cubren, las tecnologías implementadas no logran aprovechar todo su potencial.

◊ Por ejemplo, en Dholera (India), la falta de conectividad y servicios básicos frenó la atracción de residentes y empresas.

◖ Tecnología obsoleta:

◊ Algunos proyectos fracasan porque las soluciones implementadas se vuelven rápidamente obsoletas o no pueden integrarse con nuevas tecnologías.

⊃ **Falta de gobernanza y coordinación:**

◖ Visión incompleta o mal definida:

◊ Muchas ciudades no tienen un plan estratégico claro que guíe la implementación de tecnologías inteligentes. Esto lleva a iniciativas aisladas que no contribuyen al desarrollo global del proyecto.

◖ Problemas de coordinación interinstitucional:

◊ La colaboración entre diferentes niveles de gobierno, departamentos municipales y empresas privadas es fundamental. Si no existe una coordinación eficaz, los proyectos pueden ser redundantes o incompatibles.

◖ Falta de liderazgo:

◊ La ausencia de líderes comprometidos y capacitados para supervisar la ejecución de un proyecto puede derivar en decisiones desacertadas o retrasos significativos.

⊃ **Compromiso insuficiente con la sostenibilidad:**

◖ Enfoque limitado en la sostenibilidad ambiental:

◊ Algunos proyectos de *smart cities* se centran demasiado en la tecnología y no abordan los aspectos relacionados con la sostenibilidad, como la eficiencia energética o la reducción de emisiones de carbono.

◊ Por ejemplo, en Songdo, el impacto ambiental positivo fue mínimo en comparación con los costes ecológicos de construir la ciudad desde cero.

◑ Desequilibrio social:

⇕ Las ciudades inteligentes deben ser inclusivas. Si los beneficios solo alcanzan a ciertos sectores de la población, aumentan las desigualdades y se genera descontento social.

➲ **Expectativas no realistas:**

◑ Plazos demasiado ambiciosos:

⇕ Muchos proyectos anuncian objetivos que no pueden cumplirse en los tiempos prometidos. Esto afecta la confianza pública y genera críticas.

◑ Proyectos piloto insuficientes:

⇕ La falta de pruebas a pequeña escala antes de implementar soluciones a gran escala puede conducir a problemas técnicos o funcionales inesperados.

APLICACIÓN PRÁCTICA

En el proceso de implantación de *smart cities* es común enfrentar desafíos que pueden llevar al fracaso a la hora de alcanzar los objetivos. ¿Qué factor puede ser el motivo más probable de un fracaso en este contexto?

Solución

Aunque hay varias circunstancias que pueden hacer fracasar un proyecto de *smart city,* la principal es la falta de involucramiento de los ciudadanos. Se pueden generar soluciones que no se ajusten a sus necesidades reales, dificultando la adopción y el éxito del proyecto.

Aunque la falta de acceso a la tecnología es importante, muchas *smart cities* se implementan utilizando tecnología ya disponible y accesible.

La mayoría de los proyectos de *smart cities* son financiados con evaluaciones previas, optimizando el uso de recursos públicos.

Continúa en página siguiente >>

<< *Viene de página anterior*

Aunque la demora en la construcción de las infraestructuras es un reto, no siempre determina el fracaso, ya que los servicios digitales pueden implementarse antes de completar las infraestructuras físicas.

 TAREA 2

Imagina que eres parte del equipo de planificación urbana de una *smart city* que se está desarrollando en tu región. El ayuntamiento ha solicitado propuestas para mejorar la sostenibilidad y la accesibilidad en la ciudad, utilizando **tecnologías innovadoras** que permitan reducir las emisiones de carbono, gestionar los recursos de manera eficiente y asegurar que todos los ciudadanos, independientemente de sus capacidades, puedan acceder a los servicios urbanos.

1. ¿Qué tecnologías implementarías para mejorar la eficiencia energética y reducir las emisiones en la ciudad? Explica cómo funcionarían en la práctica.
2. ¿Cómo se puede asegurar que los sistemas de transporte público sean accesibles para personas con discapacidad? Propón ejemplos de soluciones tecnológicas que podrían ayudar.

---

11. Resumen

La evaluación de los conceptos clave y las tecnologías que sustentan el desarrollo de *smart cities* es importante para conocer cómo estas innovaciones pueden mejorar la sostenibilidad, la eficiencia y la calidad de vida urbana.

El concepto de *smart city* da una idea de cómo se utiliza la tecnología para optimizar la gestión urbana y ofrecer servicios eficientes a los ciudadanos. Dentro de las oportunidades que ofrecen estas ciudades se encuentra la promoción del comercio local y se analizan las formas en que las *smart cities* apoyan a los negocios locales mediante plataformas digitales, incentivos y tecnologías que mejoran la visibilidad y la accesibilidad de estos negocios.

Las *smart cities* aportan estrategias para hacer las ciudades más sostenibles y accesibles para todos, desde energías renovables hasta infraestructuras inclusivas. Muchos de estos planteamientos se realizan gracias a una buena gestión de subvenciones y fondos, tanto nacionales como europeos, lo que facilita la implantación de proyectos tecnológicos.

Las ciudades inteligentes cuentan con una serie de certificados que avalan los servicios que se ofrecen para tranquilidad y seguridad de los usuarios, y entre ellos destacan las certificaciones DTI y UNE 178201.

Las diferentes tecnologías que facilitan la creación de las *smart cities* se agrupan en el denominado *big* 5; se conoce así a las tecnologías como *blockchain,* IA, *big data,* IoT y realidad aumentada, que están transformando las ciudades, mejorando la movilidad, la gestión de recursos y la seguridad.

Como en todo proyecto e innovación, se producen casos de éxitos y también de fracaso, útiles para sacar conclusiones y mejorar de cara a futuro.

Ejercicios de autoevaluación
Unidad de Aprendizaje 1

1. ¿Qué define mejor a una *smart city*?

    a. Una ciudad que prioriza la expansión urbana sin restricciones.

    b. Una ciudad que utiliza tecnología avanzada para mejorar la eficiencia y la calidad de vida.

    c. Una ciudad que depende exclusivamente de la energía solar.

    d. Una ciudad que limita el uso de vehículos privados.

2. ¿Cuál es uno de los beneficios de promover el comercio local en una *smart city*?

    a. Aumentar los impuestos municipales.

    b. Fomentar el desarrollo económico de la comunidad.

    c. Reducir la competencia entre negocios.

    d. Disminuir el uso de tecnología en las tiendas.

3. ¿Qué característica debe tener una *smart city* para ser considerada sostenible?

    a. Utilizar exclusivamente energía nuclear.

    b. Prohibir el transporte público.

    c. Integrar energías renovables y reducir las emisiones de carbono.

    d. Fomentar el uso de combustibles fósiles.

4. ¿Qué papel juegan las subvenciones y fondos nacionales y europeos en el desarrollo de *smart cities*?

    a. Financiar proyectos de infraestructura tecnológica y sostenibilidad.

    b. Incrementar los impuestos a los ciudadanos.

    c. Limitar el acceso a servicios públicos.

    d. Impulsar solo el desarrollo de nuevas viviendas.

5. ¿Qué es la certificación UNE 178201?

    a. Un reconocimiento a las empresas que fabrican dispositivos IoT.
    b. Un premio para las ciudades que promueven el comercio local.
    c. Un estándar para la fabricación de vehículos eléctricos.
    d. Una norma que certifica la gestión eficiente y sostenible de una *smart city*.

6. ¿Cuántos objetivos de desarrollo sostenible (ODS) establece la Agenda 2030 de la ONU?

    a. 15
    b. 12
    c. 17
    d. 10

7. ¿Cuál de las siguientes tecnologías NO forma parte de los *big* 5 aplicados a las *smart cities*?

    a. *Blockchain*
    b. Inteligencia artificial
    c. Realidad virtual
    d. *Big data*

8. ¿Cómo puede el IoT (internet de las cosas) contribuir a una *smart city*?

    a. Facilitando la comunicación entre dispositivos para optimizar recursos y servicios urbanos.
    b. Aumentando el coste de mantenimiento de la infraestructura.
    c. Reduciendo la cantidad de datos recopilados en la ciudad.
    d. Desconectando sensores durante las horas pico.

9. ¿Qué es una *smart city* certificada como destino turístico inteligente (DTI)?

    a. Una ciudad que se enfoca solo en atraer a turistas de alto nivel adquisitivo.
    b. Una ciudad que utiliza tecnología para ofrecer experiencias turísticas innovadoras y sostenibles.

c. Una ciudad que tiene hoteles de lujo y centros comerciales grandes.

d. Una ciudad que prohíbe el turismo en áreas históricas.

10. ¿Cuál es un ejemplo de un caso de éxito en el desarrollo de *smart cities*?

a. Ciudad que fracasó en implementar transporte público eléctrico.

b. Ciudad que redujo sus emisiones de carbono mediante la adopción de energías renovables y sistemas de movilidad inteligente.

c. Ciudad que aumentó sus emisiones al introducir más automóviles.

d. Ciudad que solo utiliza vehículos de combustibles fósiles.

Inclusión de los proyectos de IoT *(international internet of things)* en entornos de coberturas 5G

Contenido

Objetivos

Los objetivos generales de esta Unidad de Aprendizaje son:

→ Comprender la integración de componentes electrónicos en proyectos IoT, incluyendo *boards, shields* y sensores, y cómo estos dispositivos pueden conectarse para recopilar, procesar y transmitir datos en tiempo real en un entorno de cobertura 5G.

→ Desarrollar habilidades básicas en el uso del entorno de desarrollo Arduino IDE, iniciarse en la programación y configurar dispositivos IoT para realizar tareas específicas, como la recopilación de datos de sensores y la comunicación entre dispositivos.

Los objetivos específicos de esta Unidad de Aprendizaje son:

→ Describir los componentes electrónicos clave *(boards, shields* y sensores) utilizados en proyectos de IoT, entendiendo su función y aplicaciones en entornos de *smart cities.*

→ Desarrollar habilidades prácticas en la configuración y programación de dispositivos IoT utilizando el *Arduino IDE,* incluyendo la conexión de sensores y el envío de datos a otros dispositivos o plataformas.

→ Comprender la importancia de la conectividad 5G en el despliegue de proyectos IoT, y cómo esta tecnología permite una transmisión de datos más rápida, eficiente y con menor latencia.

→ Aprender a conectar dispositivos IoT a plataformas y servicios *cloud,* aspecto importante para la gestión de la transmisión y almacenamiento de datos en bases de datos (BB. DD.), asegurando la integridad y seguridad de la información.

→ Explorar casos de uso de IoT en *smart cities,* como la gestión inteligente del tráfico, el monitoreo de la calidad del aire o el control de sistemas de iluminación, identificando cómo la tecnología 5G mejora la funcionalidad y eficiencia de estos proyectos.

→ Comprender los principios básicos de las bases de datos en proyectos IoT, aprendiendo el diseño y la gestión de las bases de datos que almacenan información recopilada por dispositivos IoT conectados.

1. Introducción

El internet de las cosas (IoT) está revolucionando la forma en que interactuamos con nuestro entorno, permitiendo que dispositivos electrónicos recopilen y compartan datos de manera autónoma y en tiempo real. En el contexto de las *smart cities,* los proyectos de IoT son fundamentales para optimizar procesos urbanos, mejorar la eficiencia de los servicios públicos y elevar la calidad de vida de los ciudadanos. Desde sensores de tráfico hasta sistemas de monitoreo ambiental, IoT se ha convertido en un componente esencial para crear ciudades más inteligentes, conectadas y sostenibles.

Es básico entender cómo se integran proyectos de IoT en entornos de cobertura 5G, aprovechando la velocidad y baja latencia de esta tecnología para mejorar la conectividad y el rendimiento de los dispositivos. La conectividad 5G permite que los dispositivos IoT transmitan datos de manera más rápida y eficiente, lo que es crucial para aplicaciones en tiempo real, como el control del tráfico o la gestión de infraestructuras críticas.

Para desarrollar soluciones IoT efectivas, es esencial comprender los componentes electrónicos que forman parte de estos proyectos. Por ello, se analizan *boards, shields* y sensores que permiten a los dispositivos IoT funcionar de manera autónoma. Además, los estudiantes aprenderán los primeros pasos en *Arduino IDE,* una plataforma clave para programar y configurar estos dispositivos, desde la conexión de sensores hasta la comunicación con otros dispositivos.

Finalmente, se analiza la gestión de datos mediante el uso de plataformas y servicios *cloud,* explorando cómo los datos recopilados por los dispositivos IoT se almacenan, procesan y gestionan en bases de datos (BB. DD.) en la nube. Esta integración de *hardware, software* y conectividad permite la creación de sistemas inteligentes que facilitan la automatización de procesos y la toma de decisiones informadas en tiempo real.

TechCity Solutions es experta en tecnología IoT y conectividad 5G para implementar soluciones innovadoras en ciudades inteligentes de manera eficiente y escalable. A través de la integración de sensores, dispositivos electrónicos y plataformas *cloud,* la empresa puede desarrollar sistemas para monitorear el tráfico, gestionar la energía, controlar la iluminación pública y monitorear la calidad del aire en tiempo real. La velocidad y baja latencia del 5G permiten que estos dispositivos IoT transmitan datos rápidamente, mejorando la toma de decisiones y facilitando la automatización de procesos urbanos, lo que lleva a una ciudad más segura, conectada y sostenible.

2. Componentes electrónicos: *boards, shields* y sensores

👉 **HILO CONDUCTOR**

TechCity Solutions ha creado una solución IoT efectiva, integrando los componentes electrónicos de manera adecuada. El proyecto de gestión de alumbrado público, una *board (Arduino* o *ESP32)* conectada a un sensor de luz y un *shield* wifi puede encender o apagar luces según la cantidad de luz natural detectada, y enviar datos sobre el estado de las luces a una plataforma central para su monitoreo.

Los componentes electrónicos son la base fundamental de cualquier proyecto de internet de las cosas (IoT), ya que permiten que los dispositivos recopilen datos, procesen información y se comuniquen con otros sistemas. En el contexto de ciudades inteligentes, estos componentes son esenciales para crear soluciones que optimicen la gestión urbana, desde el control del tráfico hasta la monitorización de infraestructuras críticas.

2.1. Las *boards*

Las **boards** son placas de circuitos electrónicos que integran microcontroladores o microprocesadores y permiten la conexión de sensores, actuadores y módulos de comunicación. Su función principal es recopilar datos de los sensores, procesarlos y transmitirlos, generalmente a través de tecnologías inalámbricas como wifi, *bluetooth,* LoRa *(long range,* tecnología diseñada para transmitir datos a larga distancia) o 5G. Son el corazón de cualquier proyecto de IoT. Actúan como el cerebro del sistema.

A continuación, puedes ver los tipos comunes de *boards* en IoT:

Microprocesadores básicos: *Arduino*
Una de las placas más populares para proyectos de IoT, especialmente para prototipos y aplicaciones educativas. Es fácil de programar y tiene una gran comunidad que proporciona soporte. Ideal para controlar sensores, luces y motores en proyectos simples.

Microprocesadores avanzados: *Raspberry Pi*
Una minicomputadora que ofrece más potencia que las placas *Arduino*. Es capaz de ejecutar sistemas operativos completos y manejar aplicaciones más complejas que requieren procesamiento intensivo de datos.

Especializados en IoT: *ESP32*
Una placa muy utilizada en proyectos de IoT gracias a su conectividad wifi y *bluetooth* integradas, lo que facilita la comunicación inalámbrica en aplicaciones que requieren conectividad constante.

***Boards* para comunicación 5G:** *Qualcomm Snapdragon developer kits*
Diseñados para integrar conectividad 5G y computación de alto rendimiento.

◎ EJEMPLO

Las *boards* se utilizan para controlar y procesar datos de sensores que monitorean aspectos como la calidad del aire, la iluminación pública o el nivel de ocupación de estacionamientos. Por ejemplo, una placa *Arduino* puede conectarse a sensores de movimiento para encender luces solo cuando se detecta actividad, optimizando el consumo de energía.

Las características esenciales de las *boards* son las siguientes:

● **Compatibilidad.** Deben ser compatibles con los estándares de IoT y redes 5G para soportar la conectividad y el intercambio de datos en tiempo real.
Las *boards* están diseñadas para ser compatibles con distintos entornos de desarrollo, sistemas operativos y protocolos de comunicación.

Algunas características de las *boards* son:

- ❂ **Arduino** es compatible con una amplia gama de *shields* y bibliotecas, permitiendo la integración de sensores y actuadores sin complicaciones.
- ❂ **Raspberry Pi** ofrece soporte para sistemas operativos basados en *Linux,* facilitando su uso en aplicaciones más avanzadas.

En un entorno 5G, es crucial que las *boards* soporten módulos de comunicación específicos para estas redes, como los basados en NB-IoT (*narrowband* IoT) o LTE Cat M1.

⮑ **Capacidad de procesamiento.** Pueden variar desde microcontroladores básicos (como los de la familia *Arduino)* hasta procesadores más potentes (como los de *Raspberry Pi),* que soportan sistemas operativos completos.

La potencia del procesador en la *board* determina su capacidad para ejecutar tareas complejas.

Como ejemplos de complementos que inciden en la potencia tenemos:

- ❂ **Microcontroladores básicos:** como el *ATmega328P* en el *Arduino Uno*, son ideales para tareas simples como lectura de sensores o control de actuadores.
- ❂ **Microprocesadores avanzados:** como los que se encuentran en el *Raspberry Pi 4,* permiten manejar tareas intensivas, como análisis de imágenes o procesamiento en tiempo real.

La memoria RAM y el almacenamiento también son cruciales, ya que en proyectos con un gran volumen de datos (por ejemplo, procesamiento de imágenes en un entorno 5G), es preferible una *board* con al menos 1 GB de RAM.

⮑ **Conectividad.** Incluyen módulos integrados o expansiones para comunicación, como GSM, LTE, 5G, wifi o Zigbee.

La conectividad define la capacidad de la *board* para comunicarse con otros dispositivos y con la nube.

Los casos habituales de conectividad de las *boards* son:

- ❂ Wifi y *bluetooth* son comunes en *boards* como *ESP32,* adecuadas para redes locales.
- ❂ Módulos celulares (2G, 3G, 4G y 5G) en *boards* avanzadas permiten la comunicación en áreas remotas o en aplicaciones críticas.
- ❂ Puertos de expansión como SPI, I2C y UART facilitan la integración de sensores adicionales.
- ❂ Ethernet es una opción para entornos que requieren una conexión más estable y rápida.

◔ **Facilidad de uso.** Muchas *boards* están diseñadas para ser accesibles a desarrolladores con distintos niveles de experiencia, ofreciendo herramientas y entornos de programación intuitivos.

Las plataformas de *hardware* como *Arduino* y *Raspberry Pi* se destacan por facilitar el desarrollo de proyectos tecnológicos gracias a sus herramientas integradas, recursos preconfigurados y el apoyo de comunidades activas. Por ejemplo:

◑ **Placas como *Arduino*** ofrecen entornos de desarrollo integrados (IDE) con bibliotecas preconfiguradas y una comunidad extensa para soporte técnico.

◑ ***Raspberry Pi*** proporciona tutoriales y sistemas operativos listos para usar, como *Raspbian,* que simplifican el desarrollo de proyectos complejos.

La facilidad de programación en lenguajes populares como *Python, C++* o *JavaScript* también hace que sean altamente versátiles.

Las *boards* son fundamentales en los proyectos de IoT porque proporcionan la infraestructura necesaria para conectar, procesar y comunicar datos. Su elección depende del tipo de aplicación, la potencia de procesamiento requerida y las capacidades de conectividad que el proyecto demande. En un entorno de cobertura 5G, las *boards* avanzadas con soporte para estas redes potencian la eficiencia y la capacidad de las soluciones IoT. Por ejemplo:

◔ **Automatización del hogar.** Control de dispositivos inteligentes. Las *boards,* como las basadas en *ESP32,* permiten crear sistemas domóticos que controlan luces, electrodomésticos y dispositivos electrónicos desde cualquier lugar, gracias a la conectividad 5G. Por ejemplo:

◑ Termostatos inteligentes: monitorean y ajustan automáticamente la temperatura según las condiciones climáticas y las preferencias del usuario.

◑ Sistemas de seguridad: cámaras y sensores de movimiento conectados al 5G envían alertas en tiempo real a los propietarios.

Ventaja: la baja latencia en 5G asegura respuestas inmediatas en acciones críticas como alarmas de seguridad.

◔ **Ciudades inteligentes.** Monitoreo de tráfico, calidad del aire y gestión de recursos. En el contexto de *smart cities,* las *boards* se utilizan para recopilar datos de sensores distribuidos en la infraestructura urbana. Por ejemplo:

◑ Monitoreo de tráfico: sensores conectados a través de 5G pueden enviar datos en tiempo real para optimizar semáforos y evitar congestiones.

◑ Calidad del aire: dispositivos con sensores ambientales permiten medir niveles de contaminación y generar alertas a los ciudadanos.

Ventaja: el 5G permite manejar grandes cantidades de datos provenientes de miles de dispositivos simultáneamente.

⮑ **Agricultura inteligente.** Sensores para riego y monitoreo de cultivos. Las *boards* facilitan el monitoreo y control remoto de las condiciones agrícolas mediante sensores y actuadores. Por ejemplo:

◑ Sistemas de riego inteligentes: con sensores de humedad y temperatura, los sistemas ajustan automáticamente el riego según las necesidades del suelo.
◑ Monitoreo de cultivos: cámaras y drones conectados recopilan información visual para detectar plagas o evaluar la salud de las plantas.

Ventaja: la conectividad 5G permite implementar estas soluciones incluso en áreas rurales con acceso limitado a otras redes.

⮑ **Salud.** Dispositivos médicos conectados para telemedicina. En el ámbito de la salud, las *boards* permiten desarrollar dispositivos portátiles y sistemas médicos conectados. Por ejemplo:

◑ Monitoreo remoto de pacientes: dispositivos que miden la frecuencia cardíaca, niveles de glucosa o presión arterial, transmitiendo datos en tiempo real al personal médico.
◑ Rehabilitación asistida: robots o exoesqueletos controlados remotamente que ayudan en la recuperación de pacientes.

Ventaja: la alta velocidad del 5G mejora la capacidad de realizar diagnósticos y ajustes en tiempo real.

⮑ **Industria 4.0.** Monitoreo y control de procesos industriales en tiempo real. En entornos industriales, las *boards* permiten monitorear y optimizar procesos de producción mediante sensores y actuadores. Por ejemplo:

◑ Mantenimiento predictivo: sensores en equipos industriales detectan vibraciones o anomalías que podrían indicar fallas futuras.
◑ Control en tiempo real: sistemas robotizados ajustan procesos de producción basándose en datos recopilados en tiempo real.

Ventaja: la conectividad 5G garantiza la transferencia de datos con baja latencia, esencial para aplicaciones críticas.

Ejemplo de caso real de uso de *boards*. Monitoreo de tráfico en ciudades inteligentes

En el contexto de **ciudades inteligentes,** el monitoreo del tráfico es una aplicación clave para optimizar la movilidad urbana, reducir la congestión y mejorar la calidad de vida de los ciudadanos. Las *boards* desempeñan un papel central en esta solución:

⤳ **Objetivo del proyecto.** Implementar un sistema de monitoreo y gestión del tráfico en tiempo real que permita:

 ◑ Detectar congestiones.
 ◑ Optimizar la sincronización de semáforos.
 ◑ Reducir tiempos de viaje y emisiones contaminantes.

⤳ **Componentes del sistema:**

 1. *Boards:*

    ⇕ Ejemplo: Raspberry Pi 4 o ESP32
    ⇕ Función: actuar como unidad de control para recopilar datos de sensores y transmitirlos al sistema central.

 2. **Sensores:**

    ⇕ Cámaras de vídeo: detectan el volumen de vehículos, velocidad y anomalías en el tráfico.
    ⇕ Sensores de presión: instalados en la calzada para medir la densidad del tráfico.
    ⇕ Sensores ambientales: monitorean las emisiones de gases como CO_2 o partículas en suspensión.

 3. **Módulos de comunicación:**

    ⇕ Módulos 5G: permiten la transmisión de datos en tiempo real desde las *boards* a la central de datos o la nube.
    ⇕ Alternativamente, en áreas específicas pueden usar tecnologías como wifi o LoRa para transmitir datos localmente.

 4. *Software* **de gestión:**

    ⇕ Un sistema basado en la nube procesa los datos recibidos y utiliza algoritmos de inteligencia artificial para tomar decisiones:

       ◉ Recalcular rutas alternativas.

- Ajustar la duración de los semáforos.
- Generar alertas para incidentes (accidentes, bloqueos).

Flujo de funcionamiento:

1. **Captura de datos:**

   - Las cámaras y sensores recopilan datos en puntos estratégicos de la ciudad (intersecciones, avenidas principales).
   - Las *boards* procesan la información básica, como el conteo de vehículos, y eliminan ruido (datos irrelevantes).

2. **Transmisión de datos:**

   - Las *boards* envían datos en tiempo real al centro de procesamiento, utilizando conectividad 5G.
   - La baja latencia de 5G garantiza que los datos lleguen rápidamente, lo cual es crucial para una respuesta inmediata.

3. **Procesamiento y toma de decisiones:**

   - El sistema analiza patrones de tráfico utilizando algoritmos de aprendizaje automático.
   - Si se detecta un embotellamiento, el *software* ajusta automáticamente los semáforos cercanos para descongestionar la zona.
   - Los datos también se integran con aplicaciones móviles para informar a los conductores sobre rutas alternativas.

4. **Actuación:**

   - Los semáforos conectados reciben órdenes para ajustar sus ciclos.
   - Los conductores son notificados a través de aplicaciones o paneles informativos sobre incidentes o rutas recomendadas.

Resultados esperados:

- Reducción del tiempo de viaje:

   - Optimizando los flujos de tráfico, se espera reducir los tiempos de desplazamiento en un 15-25 %.

- Menor contaminación:

   - Al disminuir los tiempos de inactividad en congestiones, se reducen las emisiones de CO_2 y otros gases.

◑ Mayor seguridad:

⇡ La identificación rápida de incidentes permite una respuesta más ágil de servicios de emergencia.

◑ Datos para la planificación:

⇡ Los datos recopilados se pueden usar para planificar futuras infraestructuras viales y mejorar el transporte público.

➲ **Ventajas del uso de 5G:**

◑ Baja latencia: las decisiones críticas, como ajustar un semáforo, se implementan casi instantáneamente.
◑ Capacidad masiva: maneja miles de dispositivos IoT en simultáneo, ideal para grandes ciudades.
◑ Mayor ancho de banda: facilita la transmisión de vídeo de alta calidad desde múltiples cámaras.

Este caso de monitoreo de tráfico demuestra cómo las *boards,* junto con sensores y conectividad 5G, transforman la forma en que las ciudades gestionan el tráfico. No solo mejora la movilidad urbana, sino que también contribuyen a un entorno más sostenible y eficiente.

Las ventajas del 5G no solo permiten el desarrollo de soluciones IoT más rápidas y confiables, sino que también amplían el alcance y la escala de las aplicaciones posibles. Desde la baja latencia hasta la capacidad de manejar dispositivos masivamente conectados, el 5G es el catalizador para transformar sectores como la salud, el transporte, la agricultura y las ciudades inteligentes.

Las ventajas del 5G son:

➲ **Mayor capacidad:**

◑ Las redes 5G pueden gestionar hasta 1 millón de dispositivos conectados por kilómetro cuadrado, lo que las hace ideales para proyectos IoT a gran escala.
◑ **Impacto en IoT:** permite conectar y coordinar miles de dispositivos simultáneamente, como:

⇡ Sensores distribuidos en toda una ciudad para monitorear calidad del aire, tráfico o consumo energético.
⇡ Dispositivos domésticos en hogares inteligentes, como termostatos, cámaras y sistemas de seguridad.

- **Ejemplo:** en una ciudad inteligente, miles de sensores de tráfico, cámaras y dispositivos de monitoreo ambiental pueden operar al mismo tiempo, compartiendo datos sin interrupciones.

⊃ **Baja latencia:**

- La tecnología 5G permite una latencia ultrabaja; puede ser tan baja como 1 milisegundo en condiciones óptimas.
- **Impacto en IoT:** los dispositivos pueden comunicarse y responder casi instantáneamente, lo cual es crucial en aplicaciones críticas como:

  - **Vehículos autónomos:** donde la toma de decisiones en tiempo real puede prevenir accidentes.
  - **Sistemas de salud conectados:** donde los dispositivos médicos portátiles pueden enviar datos de vital importancia a profesionales de la salud sin demoras.

- **Ejemplo:** en un sistema de monitoreo de tráfico, los ajustes de semáforos o alertas a conductores se realizan de manera inmediata para evitar congestiones o accidentes.

⊃ **Eficiencia energética:**

- Las tecnologías 5G están diseñadas para optimizar el consumo energético de los dispositivos IoT, especialmente aquellos que operan con baterías.
- **Impacto en IoT:** permite que los sensores y dispositivos conectados duren más tiempo en funcionamiento, reduciendo la necesidad de mantenimiento.
  Mejora la viabilidad de proyectos en áreas remotas o de difícil acceso.
- **Ejemplo:** sensores de monitoreo ambiental en una reserva natural pueden operar durante años sin necesidad de reemplazar sus baterías, gracias a la eficiencia energética del 5G.

⊃ **Ancho de banda ampliado:**

- Las redes 5G ofrecen un ancho de banda significativamente mayor, permitiendo la transmisión de grandes volúmenes de datos.
- **Impacto en IoT:** soporta aplicaciones que requieren transmitir datos complejos o voluminosos, como:

  - Imágenes de alta resolución desde drones o cámaras de seguridad.

⇕ Datos generados por vehículos autónomos que requieren procesar mapas, vídeo y sensores simultáneamente.

◑ **Ejemplo:** en una granja inteligente, drones equipados con cámaras HD transmiten imágenes detalladas de los cultivos en tiempo real para análisis remoto.

➲ **Mayor movilidad:**

◑ El 5G puede soportar conexiones confiables a velocidades de hasta 500 km/h, lo que lo hace ideal para dispositivos en movimiento.
◑ **Impacto en IoT:** habilita aplicaciones en vehículos, trenes de alta velocidad y drones.
◑ **Ejemplo:** en un sistema de transporte conectado, autobuses y trenes pueden transmitir datos sobre su ubicación y condiciones operativas en tiempo real, optimizando las rutas y los horarios.

➲ **Soporte para aplicaciones críticas:**

◑ El 5G está diseñado para aplicaciones donde la fiabilidad y la inmediatez son esenciales; conocido como ***ultra-reliable low latency communications*** **(URLLC).**
◑ **Impacto en IoT:** permite desarrollar soluciones donde un fallo en la comunicación podría tener consecuencias graves, como:

⇕ Control de robots en fábricas industriales.
⇕ Sistemas de respuesta a emergencias que dependen de datos en tiempo real.

◑ **Ejemplo:** en un hospital conectado, un sistema de cirugía robótica puede operar en tiempo real utilizando 5G para garantizar la precisión.

2.2. Los *shields*

Los *shields* son módulos adicionales que se acoplan directamente a las *boards* para agregarles nuevas funcionalidades. Estos módulos permiten expandir las capacidades de las placas base sin necesidad de complicar el diseño del circuito, proporcionando características adicionales como conectividad, almacenamiento o control de otros dispositivos.

Pueden desempeñar un papel importante en proyectos relacionados con hologramas en ciudades inteligentes, al proporcionar capacidades adicionales al sistema base.

A continuación, puedes ver los tipos comunes de *shields* en IoT:

‣ *Shields* de comunicación:

- ‣ Wifi y *bluetooth:* proporcionan conectividad inalámbrica a internet y dispositivos cercanos.

  - ‣ Ejemplo: *ESP8266* wifi *shield,* que añade conectividad wifi a un *Arduino.*

- ‣ Celular (2G, 3G, 4G y 5G): permiten conectarse a redes móviles para aplicaciones IoT en áreas remotas.

  - ‣ Ejemplo: *SIM800L shield,* que habilita comunicación GSM/GPRS.

- ‣ LoRa: ofrecen conectividad de largo alcance con bajo consumo energético, ideal para redes de sensores.

  - ‣ Ejemplo: LoRa *shield* para *Arduino.*

‣ *Shields* de sensores:

- ‣ Diseñados para conectar múltiples sensores fácilmente.
- ‣ Ejemplo: sensor *shield V5.0* para *Arduino,* que facilita la integración de sensores de temperatura, humedad y movimiento, entre otros.

‣ *Shields* de alimentación:

- ‣ Proveen opciones adicionales para alimentar la *board* y sus componentes conectados.
- ‣ Ejemplo: *power management shield,* que permite alimentar el sistema mediante baterías solares.

‣ *Shields* de control de motores:

- ‣ Permiten controlar motores de corriente continua, servomotores o motores paso a paso.
- ‣ Ejemplo: *motor shield* para *Arduino,* utilizado en proyectos de robótica.

‣ *Shields* de pantallas y *displays:*

- ‣ Añaden interfaces visuales al proyecto, como pantallas LCD o LED.
- ‣ Ejemplo: *TFT shield,* que integra pantallas táctiles para mostrar información.

⮑ *Shields* especializados en IoT:

　○ Diseñados específicamente para aplicaciones IoT.
　○ Ejemplo: IoT *cloud shield,* que conecta el sistema a plataformas IoT en la nube, como *AWS IoT* o *Google Cloud.*

 **EJEMPLO**

Los *shields* se utilizan para conectar dispositivos IoT a redes, lo que facilita la transmisión de datos y la comunicación entre sistemas. Por ejemplo, un wifi *shield* puede usarse en estaciones de monitoreo de calidad del aire para enviar datos en tiempo real a una plataforma centralizada donde se analiza la información y se toman decisiones para reducir la contaminación.

Las características de los *shields* son:

Función	- Son placas de circuito impreso diseñadas para ser montadas directamente sobre una *board* principal mediante pines o conectores. - Extienden las capacidades de la *board* principal, añadiendo funciones específicas, como comunicación, control de motores o integración con sensores avanzados.
Facilidad de uso	- Muchos *shields* están diseñados para ser *plug-and-play*, eliminando la necesidad de soldaduras o configuraciones complicadas. - Compatibles con librerías preprogramadas, lo que simplifica su implementación en proyectos IoT.
Flexibilidad	- Se pueden apilar múltiples *shields* sobre una misma *board*, lo que permite combinar diferentes funciones en un solo sistema. - Por ejemplo, un proyecto puede utilizar un *shield* de comunicación 5G junto con un *shield* de sensores ambientales.

En el desarrollo de proyectos IoT, los *shields* desempeñan un papel fundamental al ampliar las capacidades de las *boards* principales. Estas extensiones modulares permiten integrar funciones específicas como comunicación, monitoreo de variables ambientales, control de motores y visualización de datos, entre muchas otras. Gracias a su diseño *plug-and-play* y a su compatibilidad con una amplia variedad de dispositivos y tecnologías, los *shields* simplifican la implementación de soluciones IoT en diversos sectores.

Exploramos algunos ejemplos específicos que ilustran cómo los *shields* potencian el desarrollo de aplicaciones IoT en diferentes áreas:

Monitoreo ambiental	- Un *shield* de sensores ambientales se conecta a una *board* para medir temperatura, calidad del aire y niveles de humedad en tiempo real. - Ejemplo: monitoreo de la calidad del aire en una *smart city*.
Agricultura inteligente	- Un *shield* de comunicación LoRa permite la transmisión de datos de sensores de humedad y temperatura del suelo a largas distancias. - Ejemplo: control de riego automatizado en áreas rurales.
Hogar inteligente	- Un *wifi shield* conecta dispositivos de automatización del hogar a la red, permitiendo el control remoto de luces, puertas y sistemas de climatización. - Ejemplo: sistemas de termostatos inteligentes conectados.
Robótica	- Un *motor shield* controla los motores de un robot autónomo en un entorno industrial. - Ejemplo: robots de limpieza o drones utilizados en ciudades inteligentes.

La versatilidad de los *shields* los hace ideales para aplicaciones que requieren conectividad inalámbrica, procesamiento de datos en tiempo real y la integración de sensores especializados. Desde hogares inteligentes hasta la automatización industrial y las ciudades conectadas, los *shields* ofrecen una plataforma flexible y escalable para construir soluciones innovadoras. Su capacidad para adaptarse a redes avanzadas como 5G refuerza su papel en la evolución del internet de las cosas, permitiendo la creación de proyectos más rápidos, eficientes y confiables.

Los *shields* representan una de las soluciones más prácticas y versátiles para potenciar los proyectos IoT. Su diseño modular permite a los desarrolladores agregar funcionalidades específicas a las *boards* principales de manera rápida y sencilla, sin necesidad de rediseñar el *hardware* desde cero. Desde extender la conectividad a redes avanzadas como 5G hasta facilitar la integración de sensores o el control de dispositivos, los *shields* ofrecen una combinación única de flexibilidad, escalabilidad y eficiencia.

Las principales ventajas que hacen de los *shields* un componente clave en la implementación de soluciones IoT son:

● Modularidad:

- **U** Los *shields* destacan por su diseño modular, lo que significa que se pueden añadir o quitar según las necesidades del proyecto. Esta flexibilidad permite adaptar las funciones del sistema sin rediseñar o modificar el *hardware* base.
- **U** Impacto en IoT:

  - Proyectos pequeños pueden empezar con funciones básicas (por ejemplo, un sensor de temperatura), y luego escalar añadiendo *shields* de conectividad o procesamiento avanzado.
  - En proyectos más complejos, como los de ciudades inteligentes, múltiples *shields* pueden apilarse para integrar sensores, módulos de comunicación y *displays* en una sola solución.

  Ejemplo: en un sistema de monitoreo ambiental, un *shield* de sensores puede combinarse con uno de comunicación para recopilar y transmitir datos en tiempo real a un sistema central.

● Rapidez en el desarrollo:

- **U** Los *shields* eliminan la necesidad de diseñar circuitos personalizados para añadir nuevas funcionalidades, acelerando así el desarrollo de prototipos y productos finales.
- **U** Impacto en IoT:

  - Permite a los desarrolladores enfocarse más en el *software* y en la lógica del sistema que en los aspectos técnicos del *hardware*.
  - Facilita el desarrollo de soluciones rápidas en aplicaciones de emergencia, como dispositivos médicos portátiles o sistemas de monitoreo en áreas de desastre.

  Ejemplo: en un proyecto de automatización del hogar, un *shield* wifi permite conectar el sistema a la red en cuestión de minutos, sin necesidad de configurar antenas o módulos inalámbricos desde cero.

◯ **Compatibilidad con entornos 5G:**

◔ Algunos *shields* están diseñados específicamente para integrarse con redes 5G, proporcionando conectividad de alta velocidad y baja latencia a los proyectos IoT.

◔ Impacto en IoT:

⇕ Permiten que los dispositivos conectados manejen grandes volúmenes de datos en tiempo real, como en sistemas de videovigilancia o vehículos autónomos.

⇕ Garantizan una comunicación confiable y rápida en aplicaciones críticas, como salud conectada o gestión de infraestructuras urbanas.

Ejemplo: un *shield* de comunicación celular 5G puede convertir una *board Arduino* en una unidad IoT capaz de enviar datos meteorológicos a un centro de monitoreo climático en tiempo real.

◯ **Reducción de costes:**

◔ Los *shields* ofrecen una solución económica para añadir nuevas funcionalidades sin necesidad de adquirir *hardware* especializado o rediseñar dispositivos.

◔ Impacto en IoT:

⇕ Facilita a pequeñas empresas y *startups* crear soluciones escalables sin incurrir en costes iniciales elevados.

⇕ Reduce el desperdicio de recursos al permitir la reutilización de *boards* base con diferentes configuraciones de *shields*.

Ejemplo: una *startup* que desarrolla sistemas de riego automatizados puede usar la misma *board* base y simplemente intercambiar *shields* (por ejemplo, de sensores de humedad o comunicación LoRa) según las necesidades de cada cliente.

En un entorno tecnológico donde la personalización y la rapidez en el desarrollo son esenciales, los *shields* destacan por su capacidad para adaptarse a diversas aplicaciones y necesidades. Además, al ser compatibles con una amplia gama de plataformas y estándares IoT, permiten optimizar costes y recursos, impulsando la innovación en áreas como ciudades inteligentes, agricultura conectada, hogares automatizados y más.

La **escalabilidad** es una de las características más poderosas de los *shields* en proyectos IoT. Permite que los desarrolladores amplíen o modifiquen las capacidades de sus sistemas de manera flexible y eficiente, sin necesidad de rediseñar completamente el *hardware* o empezar desde cero. Esto resulta especialmente útil en entornos donde los requerimientos pueden cambiar con el tiempo, como en ciudades inteligentes, agricultura conectada o automatización industrial. Sus características son:

⮑ **Crecimiento modular:**

- Los *shields* permiten agregar nuevas funcionalidades a la *board* principal simplemente añadiendo módulos adicionales.
- Impacto:

  - El diseño modular de los *shields* facilita la evolución de un proyecto. Por ejemplo, un sistema que inicialmente solo recopila datos de temperatura puede expandirse para incluir monitoreo de humedad, calidad del aire y conectividad a la nube.

- Ejemplo:

  - Un proyecto de monitoreo ambiental puede empezar con un sensor *shield* básico y, más adelante, añadir un wifi *shield* para enviar datos a una plataforma en línea, y luego integrar un LoRa *Shield* para operar en áreas rurales con baja cobertura.

⮑ **Apilamiento de *shields*:**

- Muchos *shields* están diseñados para trabajar en conjunto y ser apilables, lo que permite combinar múltiples funciones en un único dispositivo.
- Impacto:

  - Se pueden crear sistemas altamente personalizados y complejos utilizando varios *shields* en un solo *stack*.
  - Es ideal para proyectos donde diferentes módulos necesitan operar simultáneamente, como control de motores, comunicación y recopilación de datos.

- Ejemplo:

  - En un dron agrícola, se pueden apilar un GPS *shield* para rastreo, un sensor *shield* para monitorear condiciones del suelo, y un 5G *shield* para transmitir los datos al instante a una estación central.

⊃ **Adaptación a nuevas tecnologías:**

◐ Los *shields* permiten actualizar los proyectos existentes con nuevas tecnologías sin reemplazar todo el *hardware*.
◐ Impacto:

⇕ Esto asegura que los dispositivos IoT puedan mantenerse actualizados y competitivos en un entorno tecnológico en constante cambio.

◐ Ejemplo:

⇕ Un sistema que originalmente utilizaba un GSM *shield* para comunicación puede actualizarse fácilmente a un 5G *shield* para aprovechar las ventajas de las redes modernas, como baja latencia y alta velocidad.

⊃ **Expansión geográfica:**

◐ Los *shields* también permiten adaptar los proyectos a diferentes entornos físicos o áreas geográficas, agregando capacidades específicas según las necesidades locales.
◐ Impacto:

⇕ Se puede integrar un *shield* específico para redes locales (como LoRa en zonas rurales) o para estándares globales (como 5G en áreas urbanas).

◐ Ejemplo:

⇕ Un sistema de riego automatizado puede escalarse de una pequeña parcela a una gran explotación agrícola simplemente añadiendo *shields* de conectividad para cubrir áreas más amplias.

⊃ **Personalización y escalabilidad en fases:**

◐ Los proyectos IoT a menudo evolucionan en fases, y los *shields* permiten agregar funcionalidades de manera progresiva según las necesidades del proyecto o los recursos disponibles.
◐ Impacto:

⇕ Los desarrolladores pueden comenzar con configuraciones básicas y añadir capacidades más complejas a medida que el proyecto crece.

Ϙ Ejemplo:

⇕ Una empresa de transporte puede empezar monitorizando solo la ubicación de sus vehículos con un GPS *shield,* y luego añadir un sensor *shield* para monitorear parámetros como temperatura en contenedores, y más adelante un 5G *shield* para integrarse en una red IoT de ciudades inteligentes.

⮕ **Escalabilidad económica:**

Ϙ La modularidad de los *shields* no solo es técnica, sino también económica, ya que permite escalar proyectos según el presupuesto disponible.

Ϙ Impacto:

⇕ Empresas o *startups* pueden comenzar con una inversión pequeña en *hardware* básico y expandirlo gradualmente sin necesidad de grandes reinversiones.

Ϙ Ejemplo:

⇕ Un emprendedor puede desarrollar un prototipo con un *Arduino Uno* y un wifi *shield* y, luego, al recibir financiamiento, escalar el proyecto utilizando *shields* más avanzados como sensores de alta precisión y módulos de comunicación celular.

Las ventajas de la escalabilidad con los *shields* son:

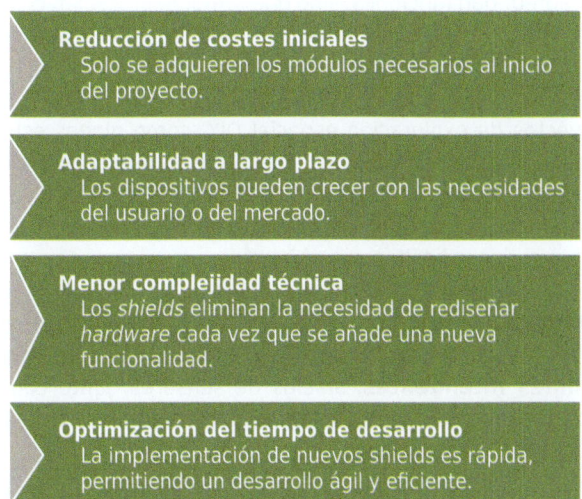

Reducción de costes iniciales
Solo se adquieren los módulos necesarios al inicio del proyecto.

Adaptabilidad a largo plazo
Los dispositivos pueden crecer con las necesidades del usuario o del mercado.

Menor complejidad técnica
Los *shields* eliminan la necesidad de rediseñar *hardware* cada vez que se añade una nueva funcionalidad.

Optimización del tiempo de desarrollo
La implementación de nuevos shields es rápida, permitiendo un desarrollo ágil y eficiente.

La escalabilidad de los *shields* es una de sus características más destacadas, ya que facilita el crecimiento y la evolución de proyectos IoT de manera modular y eficiente. Esto no solo beneficia a los desarrolladores al reducir costes y tiempos de desarrollo, sino que también asegura que las soluciones sean sostenibles y adaptables en el tiempo, incluso en entornos tecnológicos dinámicos como los que demandan las redes 5G.

NOTA

La capacidad de integrar *shields* con nuevas tecnologías, como 5G o LoRa, asegura que los proyectos IoT puedan mantenerse relevantes en un mercado en rápida evolución, lo que resulta crítico en entornos competitivos.

La escalabilidad con *shields* permite diseñar soluciones que evolucionan junto con las necesidades del proyecto. Este enfoque modular es ideal tanto para desarrolladores principiantes como para empresas que buscan innovación con flexibilidad.

SABÍAS QUE...

El término *shield* viene del concepto de protección. Originalmente, los *shields* no solo agregaban funciones, sino que también protegían el *hardware* principal de interferencias eléctricas o físicas. Aunque su propósito principal ha evolucionado, el término persiste.

En proyectos de exploración espacial DIY, como globos estratosféricos o pequeños satélites *(CubeSats)*, los *shields* de comunicación y monitoreo se han utilizado para enviar datos desde altitudes extremas o incluso desde el espacio.

Proyectos curiosos hechos con *shields:*

- **Monitoreo de abejas:** *shields* LoRa han sido utilizados en colmenas para monitorear temperatura, humedad y actividad de las abejas.
- **Jardines inteligentes:** *shields* de sensores, junto con *shields* de riego automatizado, han permitido que plantas en oficinas se mantengan vivas sin intervención humana.

2.3. Sensores

Los **sensores** son dispositivos que **detectan y responden** a estímulos físicos, como la temperatura, la humedad, la luz, el movimiento o la presión. Son esenciales en proyectos de IoT porque convierten estas señales físicas en datos digitales que las *boards* pueden procesar y analizar.

A continuación, puedes ver los tipos comunes de sensores en IoT:

Sensores de temperatura y humedad
Miden las condiciones ambientales y se usan en aplicaciones como sistemas de climatización, invernaderos inteligentes o monitoreo de la calidad del aire.

Sensores de movimiento y proximidad
Detectan la presencia de personas o vehículos, útiles para sistemas de iluminación automatizados, seguridad y gestión de tráfico.

Sensores de gas y calidad del aire
Monitorean la presencia de contaminantes y gases peligrosos, ayudando a mejorar la salud pública en entornos urbanos.

Sensores de nivel
Miden el nivel de líquidos en tanques o depósitos, y son útiles para la gestión de recursos hídricos o el control de inundaciones.

◉ **EJEMPLO**

Los **sensores** se instalan en diferentes puntos de la ciudad para monitorear condiciones específicas. Por ejemplo, sensores de calidad del aire distribuidos en varias zonas urbanas pueden detectar niveles peligrosos de contaminación y activar alertas para las autoridades. Sensores de movimiento instalados en intersecciones pueden controlar el flujo de tráfico para reducir la congestión y mejorar la eficiencia de los semáforos.

SABÍAS QUE...

En Japón se desarrolló un proyecto llamado ***Smart Trash Bin*** (papelera inteligente) sobre el uso de *boards* y sensores en IoT. Esta iniciativa fue parte de un esfuerzo por reducir la basura en las calles y mejorar la eficiencia de la gestión de residuos en las ciudades.

La ciudad de **Nagoya** en Japón implementó el proyecto piloto de **papeleras inteligentes** equipadas con sensores y *boards* programables para detectar cuándo la gente tiraba basura cerca de ellas. Sin embargo, el equipo de desarrollo fue un paso más allá: crearon una papelera con **sensores de proximidad y ruedas motorizadas,** que **seguía a las personas** para recordarles que tiraran la basura.

La papelera estaba equipada con un sensor de proximidad que detectaba cuándo alguien dejaba caer basura al suelo. Si la persona no la recogía, la papelera activaba sus ruedas motorizadas y se acercaba a la persona, reproduciendo un mensaje pregrabado que decía algo como: **"¡Por favor, no olvides tirar tu basura correctamente!".** Además, tenía un sensor de peso para determinar cuánta basura tenía y un módulo de comunicación para notificar al sistema central cuando estaba llena y necesitaba ser vaciada.

Los **sensores** son componentes clave en los proyectos IoT, ya que permiten recopilar datos del entorno físico y convertirlos en señales eléctricas que los sistemas pueden procesar. Estos datos son la base para tomar decisiones automatizadas, controlar dispositivos o enviar información a la nube. Gracias a su variedad y especificidad, los sensores son fundamentales para crear soluciones IoT en aplicaciones como hogares inteligentes, ciudades conectadas, salud, agricultura y más.

Las características de los sensores son las siguientes:

- **Función principal:**
  - Los sensores capturan datos de variables físicas, químicas o biológicas y los convierten en señales eléctricas que pueden ser procesadas por una *board.*
  - Ejemplo: un sensor de temperatura mide el calor en el ambiente y genera un voltaje proporcional que se interpreta como una temperatura específica.

⊃ Tipos de sensores:

◔ Analógicos:

- ⇳ Producen una salida continua (señal analógica) que varía proporcionalmente al estímulo medido.
- ⇳ Ejemplo: sensor de luz (fotocélula), que genera una corriente eléctrica en función de la intensidad lumínica.

◔ Digitales:

- ⇳ Producen una señal de salida discreta (generalmente binaria, como "encendido" o "apagado").
- ⇳ Ejemplo: sensor de movimiento PIR, que envía una señal de "detectar" o "no detectar".

⊃ Interfaz de conexión:

◔ Los sensores se conectan a las *boards* a través de interfaces estándar como:

- ⇳ **I2C** *(inter-integrated circuit):* ideal para conectar múltiples sensores con pocos cables.
- ⇳ **SPI** *(serial peripheral interface):* usado para sensores de alta velocidad.
- ⇳ **UART** *(universal asynchronous receiver-transmitter):* popular para módulos de comunicación como GPS.

⊃ Clasificación según el tipo de medición:

◔ Ambientales:

- ⇳ Miden parámetros del entorno, como temperatura, humedad, calidad del aire, luz o presión.
- ⇳ Ejemplo: **DHT22** para temperatura y humedad.

◔ De movimiento:

- ⇳ Detectan cambios de posición, velocidad o aceleración.
- ⇳ Ejemplo: **acelerómetro MPU6050.**

◔ De proximidad:

- ⇳ Detectan objetos cercanos sin contacto físico.
- ⇳ Ejemplo: **ultrasónico HC-SR04.**

◔ Químicos:

  ⇕ Analizan la composición de gases o líquidos.
  ⇕ Ejemplo: **MQ-135,** que mide la calidad del aire.

◔ Biométricos:

  ⇕ Miden parámetros biológicos como ritmo cardíaco o niveles de oxígeno.
  ⇕ Ejemplo: **MAX30102,** sensor de pulso y oxígeno.

➲ **Miniaturización y bajo consumo.** Los sensores modernos son extremadamente pequeños y consumen poca energía, siendo ideales para proyectos IoT que dependen de baterías o energía solar.

En el corazón de los proyectos IoT se encuentran los sensores, componentes esenciales que permiten a los dispositivos "sentir" y responder a su entorno. Estos dispositivos capturan información del mundo físico —como temperatura, humedad, movimiento, presión, luz o incluso datos biométricos— y la convierten en datos procesables por sistemas electrónicos. La diversidad y especificidad de los sensores hace posible una amplia gama de aplicaciones que transforman entornos cotidianos en sistemas inteligentes y conectados.

La capacidad de los sensores para recopilar datos en tiempo real, junto con su facilidad de integración en sistemas IoT, los convierte en herramientas indispensables para abordar problemas complejos de forma eficiente. Desde hogares inteligentes que ajustan automáticamente la iluminación y el clima hasta sistemas de monitoreo ambiental que detectan cambios en la calidad del aire en ciudades inteligentes, los sensores proporcionan el punto de enlace entre el mundo físico y el digital.

Las principales aplicaciones de los sensores en proyectos IoT, destacando cómo estos componentes facilitan la recolección de datos esenciales para automatizar procesos, optimizar recursos y mejorar la calidad de vida en diversos sectores, son:

Hogares inteligentes	- Sensores de movimiento y luz ajustan la iluminación y activan alarmas de seguridad. - Ejemplo: detectores PIR que encienden luces al detectar movimiento.

Continúa en página siguiente >>

[116]

<< Viene de página anterior

Ciudades inteligentes	- Sensores ambientales monitorean la calidad del aire y las condiciones meteorológicas. - Ejemplo: sensores de partículas PM2.5 para evaluar la contaminación.
Salud conectada	- Sensores biométricos miden parámetros vitales de los pacientes en tiempo real. - Ejemplo: un sensor de pulso MAX30100 integrado en un dispositivo portátil para monitorear la frecuencia cardíaca.
Automatización industrial	- Sensores de proximidad y presión garantizan la seguridad en líneas de producción. - Ejemplo: sensores inductivos que detectan la presencia de piezas metálicas en una cinta transportadora.
Agricultura inteligente	- Sensores de humedad del suelo y temperatura optimizan el riego y la fertilización. - Ejemplo: sensores capacitivos de humedad del suelo para mejorar la eficiencia del agua.

Los sensores son la base de los proyectos IoT, ya que recopilan los datos que alimentan las aplicaciones inteligentes. Desde monitorear el medio ambiente hasta rastrear parámetros de salud o automatizar procesos industriales, su versatilidad, precisión y eficiencia energética los hacen indispensables en cualquier solución IoT moderna. Entre sus ventajas podemos destacar:

Capacidad de medición en tiempo real
Los sensores permiten monitorear y enviar datos al instante, lo cual es crucial en aplicaciones críticas como salud o tráfico.

Versatilidad y personalización
Existen sensores para casi cualquier variable física o química, lo que permite personalizar los proyectos según las necesidades específicas.

Integración fácil con *boards* y *shields*
Muchos sensores están diseñados para integrarse directamente con *boards* como *Arduino*, *Raspberry Pi* o *ESP32* mediante interfaces estándar.

Continúa en página siguiente >>

<< Viene de página anterior

> **Eficiencia energética**
> Sensores modernos consumen menos energía, lo cual
> es ideal para dispositivos IoT alimentados por baterías.

> **Costes accesibles**
> Los sensores básicos son económicos y ofrecen una
> entrada asequible al desarrollo de proyectos IoT.

La agricultura inteligente es un ejemplo destacado de cómo los sensores transforman una actividad tradicional en un sistema altamente eficiente y automatizado, optimizando recursos como agua, fertilizantes y energía.

La capacidad de monitorear y responder automáticamente a las necesidades del entorno no solo ahorra recursos, sino que también mejora los rendimientos y la calidad de los cultivos, adaptándose a las demandas de un mundo cada vez más conectado.

A continuación, puedes ver la explicación del proyecto:

- ⮥ **Contexto del proyecto.** Un agricultor desea implementar un sistema de monitoreo y control en tiempo real para mejorar el riego y la salud de los cultivos en un área de cultivo de mediana escala. El objetivo es reducir el consumo de agua y maximizar el rendimiento del suelo.
- ⮥ **Sensores utilizados:**

  1. Sensor de humedad del suelo:

     - ⇕ Detecta la cantidad de agua presente en el suelo.
     - ⇕ **Función:** mide la humedad en diferentes puntos del terreno y determina cuándo el suelo necesita riego.
     - ⇕ **Ejemplo:** sensor capacitivo de humedad.

  2. Sensor de temperatura y humedad ambiental:

     - ⇕ Monitorea las condiciones climáticas del entorno.
     - ⇕ **Función:** ajusta el riego o activa medidas de protección para los cultivos en caso de calor extremo o alta humedad.
     - ⇕ **Ejemplo:** sensor **DHT22.**

3. Sensor de luz (LDR):

- ⇕ Mide la intensidad de la luz solar.
- ⇕ **Función:** determina si los cultivos reciben suficiente luz y activa sistemas de sombreado si es necesario.
- ⇕ **Ejemplo:** fotodiodos o sensores LDR.

4. Sensor de pH del suelo:

- ⇕ Analiza la acidez o alcalinidad del suelo.
- ⇕ **Función:** asegura que el nivel de pH sea óptimo para el tipo de cultivo, ajustando fertilizantes si es necesario.
- ⇕ **Ejemplo:** sensores de pH de suelo.

➲ **Implementación del sistema:**

1. Integración:

- ⇕ Todos los sensores están conectados a una **board** **principal** (como *Arduino* o *ESP32)* mediante interfaces I2C y analógicas.
- ⇕ Los datos se envían a un sistema de monitoreo central a través de un *shield* de comunicación LoRa para cubrir largas distancias.

2. Procesamiento de datos:

- ⇕ Los datos de los sensores son analizados en tiempo real por un *software* basado en la nube.
- ⇕ Algoritmos de inteligencia artificial ajustan automáticamente los sistemas de riego y recomiendan fertilización según los parámetros obtenidos.

3. Acciones automatizadas:

- ⇕ Si el sensor de humedad del suelo detecta niveles bajos, el sistema activa automáticamente las válvulas de riego en las zonas afectadas.
- ⇕ Si el pH del suelo está fuera del rango ideal, se genera una alerta para que el agricultor ajuste los nutrientes.

➲ **Resultados:**

1. Ahorro de recursos:

- ⇕ Se redujo el consumo de agua en un 30 % mediante riego optimizado basado en datos de los sensores.

⇕ Los fertilizantes se aplicaron únicamente cuando los datos del sensor de pH lo indicaron, reduciendo el desperdicio.

2. Aumento de productividad:

⇕ Los cultivos mostraron un crecimiento más uniforme gracias al monitoreo constante y las acciones precisas del sistema.

3. Monitoreo remoto:

⇕ El agricultor puede revisar las condiciones del terreno en tiempo real desde su *smartphone* gracias a la conectividad a la nube.

 SABÍAS QUE...

El concepto de sensores no es exclusivo de la tecnología. En biología, nuestros propios sentidos, como la vista, el olfato y el tacto, son equivalentes a sensores biológicos. ¡El cuerpo humano es, en cierto modo, un sistema IoT natural!

A continuación, puedes ver curiosidades sobre los sensores:

⊃ **El olfato electrónico.** Existen sensores que imitan el sentido del olfato humano, conocidos como "narices electrónicas". Estos sensores pueden detectar y analizar olores, gases y partículas químicas con precisión. Por ejemplo, se utilizan para identificar frutas maduras, detectar fugas de gas o incluso diagnosticar enfermedades a través del aliento.

⊃ **Sensores inspirados en la naturaleza.** Muchos sensores modernos se basan en procesos biológicos. Por ejemplo:

◑ Los sensores de visión nocturna se inspiran en los ojos de los gatos.
◑ Los sensores de humedad replican la forma en que ciertas plantas reaccionan a la sequedad.

⊃ **Sensores invisibles.** Algunos sensores, como los de campos magnéticos o rayos infrarrojos, no son visibles al ojo humano, pero están activos en todo momento en nuestra vida cotidiana, desde abrir una puerta automática hasta medir la frecuencia cardíaca en un reloj inteligente.

⊃ **Sensores en Marte.** Los *rovers* en Marte, como el Perseverance, están equipados con una variedad de sensores para analizar la atmósfera, detectar agua y buscar señales de vida microbiana. Estos sensores funcionan en condiciones extremas que serían imposibles para la mayoría de los dispositivos terrestres.

- **El sensor más pequeño del mundo.** Investigadores han desarrollado sensores que son tan pequeños como un grano de sal. Estos sensores miniaturizados se pueden insertar en dispositivos médicos, como catéteres, para monitorear parámetros dentro del cuerpo humano sin causar molestias.
- **Sensores que "escuchan" terremotos.** Algunos sensores avanzados pueden captar vibraciones sutiles en el suelo, permitiendo predecir terremotos o monitorear erupciones volcánicas. Estos sensores ultrasensibles están revolucionando la forma en que se maneja la prevención de desastres naturales.
- **Sensores para ahorrar energía.** Sensores de ocupación se usan en edificios inteligentes para detectar cuándo hay personas en una habitación. Esto permite ajustar la iluminación y el aire acondicionado automáticamente, ahorrando energía y reduciendo costes.
- **Sensores para detectar emociones.** En proyectos experimentales, algunos sensores pueden leer expresiones faciales, variaciones en la temperatura de la piel o la frecuencia cardíaca para inferir emociones humanas como alegría, estrés o miedo. Esto tiene aplicaciones en *marketing,* videojuegos y salud mental.
- **Sensores en los animales.** Científicos colocan sensores en animales salvajes, como pingüinos o tortugas marinas, para rastrear sus movimientos y estudiar sus comportamientos. Esta información ayuda a proteger especies en peligro y a entender mejor los ecosistemas.
- **Sensores en moda inteligente.** Sensores integrados en ropa permiten monitorear signos vitales, corregir posturas o incluso cambiar el color de las prendas según el estado de ánimo del usuario. ¡Un verdadero cruce entre la tecnología y la moda!

3. Primeros pasos en *Arduino IDE*

 HILO CONDUCTOR

TechCity Solutions ha sido contratada para implementar un sistema de **monitoreo de la calidad del aire** en una ciudad que busca mejorar la salud pública y reducir la contaminación. La ciudad quiere tener datos precisos en tiempo real sobre los niveles de contaminantes como **CO_2, partículas PM2.5 y**

Continúa en página siguiente >>

<< Viene de página anterior

óxidos de nitrógeno (NOx) en diferentes zonas, para poder tomar decisiones informadas sobre el tráfico y la gestión de industrias.

Para abordar este desafío, TechCity Solutions diseñará e implementará una **red de estaciones de monitoreo de la calidad del aire** utilizando ***boards Arduino*, sensores de calidad del aire y conectividad 5G** para enviar datos en tiempo real a una plataforma centralizada. Esta solución permitirá a las autoridades municipales **monitorear continuamente** la calidad del aire y tomar acciones inmediatas si se detectan niveles peligrosos de contaminación.

El *Arduino IDE (integrated development environment)* es una de las herramientas más populares para programar dispositivos *Arduino* y otros microcontroladores en proyectos de internet de las cosas (IoT).

DEFINICIÓN

Arduino IDE

Es el entorno de programación oficial para trabajar con placas *Arduino*. Diseñado para ser intuitivo y fácil de usar, es la herramienta ideal para quienes comienzan a programar dispositivos IoT, ya que permite escribir, compilar y cargar código en las placas *Arduino*, facilitando la creación de prototipos y soluciones tecnológicas que integran sensores, actuadores y otros componentes electrónicos.

Los conceptos básicos para comenzar a trabajar con *Arduino IDE* son:

- **Instalación.** Para empezar a trabajar con *Arduino,* lo primero es instalar el *Arduino IDE* en el ordenador. El *software* está disponible para los sistemas operativos *Windows, macOS* y *Linux,* y se puede descargar de forma gratuita desde la página oficial de *Arduino*.
  Los pasos para la instalación son los siguientes:

  1. Descargar el instalador desde la página oficial de *Arduino*.
  2. Ejecutar el instalador y seguir las instrucciones en pantalla para completar la instalación.
  3. Conectar la placa *Arduino* al ordenador mediante un cable USB. El ordenador debería reconocer automáticamente el dispositivo.

Ejemplo de placas compatibles: *Arduino Uno, Arduino Nano, Arduino Mega, ESP32,* etc.

4. Seleccionar la placa y el puerto. En el menú del IDE, ve a:

- ⇕ **Herramientas → Placa:** selecciona el modelo de tu placa.
- ⇕ **Herramientas → Puerto:** selecciona el puerto COM al que está conectado tu placa.

5. Instalar controladores (si es necesario). Algunas placas requieren controladores específicos, como los basados en chips CH340.

➲ **Entorno de componentes básicos.** Una vez instalado, el *Arduino IDE* ofrece una interfaz sencilla y accesible para los usuarios. Los componentes principales de la interfaz incluyen:

- ◊ **Editor de código:** área donde se escribe el programa (conocido como *"sketch"*) que se cargará en la placa *Arduino*.
- ◊ **Botones de control:**

  - ⇕ **Verificar** *(check mark)*: compila el código para asegurarse de que no haya errores.
  - ⇕ **Cargar** *(arrow)*: envía el código a la placa *Arduino* para que comience a ejecutarse.
  - ⇕ **Nuevo** *(new)*: crea un nuevo *sketch*.
  - ⇕ **Abrir** *(open)*: abre un archivo de proyecto existente.
  - ⇕ **Guardar** *(save)*: guarda el proyecto actual.

- ◊ **Monitor serie:** permite ver datos en tiempo real enviados desde la placa *Arduino,* lo que es útil para depurar y monitorear las lecturas de sensores.

➲ **Estructura básica del programa.** El código escrito en el *Arduino IDE* se llama *"sketch"* y tiene una estructura simple que facilita el aprendizaje. Un sketch típico tiene dos funciones principales:

- ⇕ **void setup**(): esta función se ejecuta una sola vez cuando la placa se enciende o se reinicia. Aquí se configuran las inicializaciones necesarias, como definir los pines de entrada/salida, establecer la velocidad de comunicación serial, entre otros.
- ⇕ **void loop**(): esta función contiene el código que se ejecutará de forma repetida en un bucle continuo. Aquí se colocan las instrucciones que el dispositivo debe ejecutar indefinidamente.

➲ **Configuración de dispositivos en IoT.** Uno de los aspectos más interesantes de trabajar con *Arduino* en proyectos de IoT es la capacidad de conectar sensores y actuadores para crear sistemas que interactúen con el entorno. Los pasos básicos para conectar un sensor (por ejemplo, un sensor de temperatura) y visualizar sus datos son:

1. **Conectar el sensor** a la placa *Arduino* siguiendo el esquema de pines (usualmente VCC, GND y un pin de señal).
2. **Escribir el código** en el *Arduino IDE* para leer los datos del sensor.
3. **Utilizar el monitor serie** para ver los valores en tiempo real.

⮕ **Cargar el programa en la placa *Arduino*.** Una vez que el código está listo, se puede cargar en la placa *Arduino* siguiendo estos pasos:

1. **Verificar el código** haciendo clic en el botón de verificación para asegurarse de que no haya errores.
2. **Seleccionar el puerto de comunicación** correcto desde la opción **Herramientas → Puerto** para asegurarse de que el *Arduino IDE* se comunique con la placa.
3. **Hacer clic en Cargar** para transferir el código a la placa. Una vez cargado, la placa ejecutará el programa de forma automática.

NOTA

El *Arduino IDE* facilita la creación de prototipos para aplicaciones IoT que se pueden implementar en **ciudades inteligentes.** Por ejemplo:

- **Monitoreo del tráfico:** conectar sensores de proximidad para medir la densidad del tráfico en ciertas áreas y enviar datos a una plataforma central que optimice la sincronización de semáforos.
- **Control de iluminación pública:** sensores de luz conectados a placas *Arduino* que ajustan la intensidad de las luces en función de la cantidad de luz natural, reduciendo el consumo de energía.
- **Estaciones meteorológicas inteligentes:** sensores de temperatura, humedad y presión que recolectan datos climáticos y los envían a una plataforma *cloud* para análisis en tiempo real.

El programa *Blink* es el ejemplo más sencillo para aprender *Arduino*. Este programa hace que un LED conectado al pin digital de la placa parpadee.

```
void setup() {
  pinMode(13, OUTPUT);   // Configura el pin 13 como salida
}

void loop() {
  digitalWrite(13, HIGH);   // Enciende el LED
  delay(1000);              // Espera 1 segundo
  digitalWrite(13, LOW);    // Apaga el LED
  delay(1000);              // Espera 1 segundo
}
```

Código de programa Blink

Los **pasos para probarlo** son los siguientes:

1. Escribe el código en el área de trabajo del *IDE*.
2. Haz clic en **Verificar** para comprobar errores.
3. Haz clic en **Cargar** para enviar el programa a la placa.
4. Observa cómo el LED del pin 13 parpadea.

 SABÍAS QUE...

Arduino se crea en el año 2005 en el Instituto de Diseño Interativo de Ivrea (Italia). Surge por la necesidad de contar con un dispositivo para utilizar en aulas que fuera de bajo coste. En un principio se trabajó con la idea de que la placa fuese de uso interno para el instituto.

Sin embargo, el instituto se vio obligado a cerrar y, ante la posibilidad de perder todo el proyecto *Arduino*, se decidió liberarlo y abrirlo al público.

Se constituyó una comunidad en torno al proyecto que aportaba ideas y mejoras.

Los principales responsables de la idea y diseño de *Arduino* fueron Massimo Banzi, David Cuartielles, David Mellis, Tom Igoe y Gianluca Martino.

3.1. Conceptos clave

Un **sketch** es el término que utiliza *Arduino* para referirse a un programa o código que se escribe y ejecuta en una placa. Cada *sketch* se guarda como un archivo con la extensión **.ino.**

Incluye dos funciones obligatorias: setup() y loop(), aunque puede incorporar otras funciones y librerías según sea necesario:

➲ **setup**(): se aplica cuando el código se ejecuta una sola vez. Es la primera función que se ejecuta cuando la placa se enciende o se reinicia. Se utiliza para configurar el estado inicial del sistema.
➲ **loop**(): esta función se ejecuta repetidamente mientras la placa esté funcionando. Es ideal para programar tareas que deben ejecutarse continuamente.

Los **pines** son las conexiones físicas en las placas *Arduino* que se utilizan para interactuar con el mundo exterior.

A continuación, puedes ver tipos de pines:

➲ **Pines digitales:**

  ◑ Marcados con números (de 0 a 13 en el *Arduino Uno*).
  ◑ Funcionan como entradas o salidas.
  ◑ Los usos habituales de los pines digitales son:

     ⇕ Entrada: para leer sensores (botones, PIR, etc.).
     ⇕ Salida: para controlar dispositivos (LED, relés, motores).

➲ **Pines analógicos:**

  ◑ Marcados con "A" (de A0 a A5 en el *Arduino Uno*).
  ◑ Permiten leer valores en un rango continuo (de 0 a 1023) en lugar de solo "ALTO" o "BAJO".
  ◑ Ideales para sensores como potenciómetros o termistores.

➲ **Pines PWM *(pulse width modulation):***

  ◑ Son pines digitales que pueden simular una salida analógica utilizando pulsos.
  ◑ Identificados con el símbolo "~" en algunas placas.

⊃ **Pines de alimentación:**

　◑ **5V/3.3V:** proveen energía para sensores o módulos externos.
　◑ **GND (tierra):** punto de referencia común para los circuitos.

Variables

Las variables son fundamentales para manejar datos en un programa, permitiendo almacenar, modificar y procesar información de manera eficiente. Comprender cómo declarar, asignar y utilizar variables te da el control necesario para desarrollar proyectos con *Arduino,* desde los más simples hasta los más complejos.

 DEFINICIÓN

Variables
Son contenedores que almacenan datos o valores que pueden cambiar durante la ejecución de un programa. Son una parte esencial de cualquier lenguaje de programación, incluida la programación con *Arduino,* ya que permiten manejar, procesar y almacenar información para realizar tareas específicas.

Las características de las variables son las siguientes:

⊃ **Nombre identificador.** Cada variable tiene un nombre único que se utiliza para referirse a ella en el código. Ejemplo:

```
int temperatura = 25; // 'temperatura' es el nombre de
la variable
```

● **Tipo de dato.** Una variable almacena un valor de un tipo específico, como números enteros, decimales o texto. El tipo de dato define el tamaño y el formato del valor almacenado. Ejemplo:

```
int edad = 30; // Número entero
float altura = 1.75; // Número decimal
```

● **Valor.** Es el contenido actual de la variable, que puede cambiar durante el programa. Ejemplo:

```
int contador = 0; // La variable inicia con el valor 0
contador = 5; // Ahora la variable contiene el valor 5
```

La **declaración** es el proceso de crear una variable indicando su tipo y nombre, y la **asignación** es el proceso de darle un valor inicial o actualizar su valor. Es común declarar y asignar un valor inicial en la misma línea.

A continuación, puedes ver los tipos de variables en *Arduino:*

Básicas	- *int* **(entero):** almacena números enteros. Rango: -32,768 a 32,767. - *float* **(decimal):** almacena números con decimales - *char* **(carácter):** almacena un único carácter. - *boolean:* almacena valores lógicos: true o false.
Avanzadas	- *long:* para números enteros más grandes. - *String:* almacena cadenas de texto.

Además de este grupo de variables, también se pueden clasificar en:

Locales	- Declaradas dentro de una función, son accesibles solo dentro de esa función.

Continúa en página siguiente >>

<< Viene de página anterior

Globales	- Declaradas fuera de cualquier función, son accesibles desde cualquier parte del programa.
Constantes	- Son variables cuyo valor no puede cambiar después de ser asignado. - Se definen con la palabra clave *const* o con *#define*.

Las variables son esenciales para interactuar con sensores, actuadores y datos en proyectos *Arduino.* Pueden leer datos de un sensor, controlar un LED o calcular valores.

 **EJEMPLO**

Controlar un LED con *Arduino*

El control de un LED es uno de los proyectos básicos en *Arduino* y es ideal para aprender a interactuar con los pines digitales de la placa. En este caso, usamos un LED conectado a uno de los pines de salida de la placa *Arduino* para encenderlo, apagarlo y hacer que parpadee.

Materiales necesarios:

- **1 placa *Arduino*** (como *Arduino Uno* o *Nano*)
- **1 LED** (diodo emisor de luz)
- **1 resistencia** (330 ohmios o similar, para proteger el LED)
- **Cables de conexión**
- ***Protoboard*** (opcional)

Conexión del circuito:

1. Identifica las terminales del LED:

   · **Ánodo (+):** pierna más larga del LED, que se conecta al pin de salida de *Arduino*.
   · **Cátodo (-):** pierna más corta, que se conecta a GND (tierra).

Continúa en página siguiente >>

<< Viene de página anterior

2. Conexión al *Arduino:*

- Conecta el **ánodo** del LED al pin digital 13 (o cualquier pin disponible) a través de una **resistencia.**
- Conecta el **cátodo** del LED al pin **GND** de la placa *Arduino.*

Código básico para controlar el LED:

- El siguiente código básico hace que el LED parpadee, encendiéndose y apagándose cada segundo:

```
int ledPin = 13;  // Pin digital al que está conectado el LED

void setup() {
  pinMode(ledPin, OUTPUT);  // Configura el pin como salida
}

void loop() {
  digitalWrite(ledPin, HIGH);  // Enciende el LED
  delay(1000);                 // Espera 1 segundo
  digitalWrite(ledPin, LOW);   // Apaga el LED
  delay(1000);                 // Espera 1 segundo
}
```

A continuación, describimos consejos de buenas prácticas para el uso de las variables:

- ➲ Usar nombres descriptivos para las variables, claros y fáciles de entender.
- ➲ Declarar variables globales solo cuando sea necesario.
- ➲ Inicializar las variables antes de usarlas.
- ➲ Utilizar constantes (const) para valores que no deben cambiar.

3.2. Bibliotecas

Las **bibliotecas** en *Arduino* son colecciones de código predefinido que simplifican la programación de dispositivos o tareas específicas. Estas bibliotecas proporcionan funciones y clases listas para usar, eliminando la necesidad de escribir desde cero el código necesario para interactuar con *hardware,* realizar cálculos o implementar protocolos de comunicación.

El uso de bibliotecas es fundamental para trabajar con sensores, módulos de comunicación, motores y otras herramientas comunes en proyectos de *Arduino,* especialmente en aplicaciones IoT.

 **DEFINICIÓN**

Biblioteca
Es un conjunto de archivos que contienen definiciones y funciones reutilizables. Ayudan a simplificar el código, reduciendo el tiempo necesario para desarrollar proyectos.

Cada biblioteca tiene:

1. Un archivo **.h** (cabecera) que define las funciones y clases.
2. Uno o más archivos **.cpp** que implementan esas definiciones.

A continuación, puedes ver cómo usar una biblioteca:

Las bibliotecas se pueden instalar desde diferentes lugares:

➲ **Desde el administrador de bibliotecas:**

    ◔ Abre el Arduino IDE.
    ◔ Ve a **Herramientas → Administrar bibliotecas.**

ᴗ Busca la biblioteca deseada en la barra de búsqueda.
ᴗ Haz clic en **Instalar.**

⊃ Desde un archivo .zip:

ᴗ Descarga el archivo .zip de la biblioteca desde una fuente confiable.
ᴗ En *Arduino IDE,* ve a **Programa → Incluir biblioteca → Añadir biblioteca .zip.**
ᴗ Selecciona el archivo .zip descargado y confirma la instalación.

⊃ Manualmente:

⇕ Descarga el archivo .zip y descomprímelo.
⇕ Copia la carpeta de la biblioteca en la ruta **Documentos/Arduino/libraries/.**
⇕ Reinicia el *Arduino IDE* para que reconozca la nueva biblioteca.

 EJEMPLO

La biblioteca Servo facilita el control de servomotores. A continuación, un ejemplo básico:

```
#include <Servo.h>  // Incluye la biblioteca Servo

Servo myServo;      // Crea un objeto servo

void setup() {
  myServo.attach(9);  // Conecta el servo al pin 9
}

void loop() {
  myServo.write(0);    // Mueve el servo a 0 grados
  delay(1000);         // Espera 1 segundo
  myServo.write(180);  // Mueve el servo a 180 grados
  delay(1000);         // Espera 1 segundo
}
```

A continuación, puedes ver las principales bibliotecas en *Arduino:*

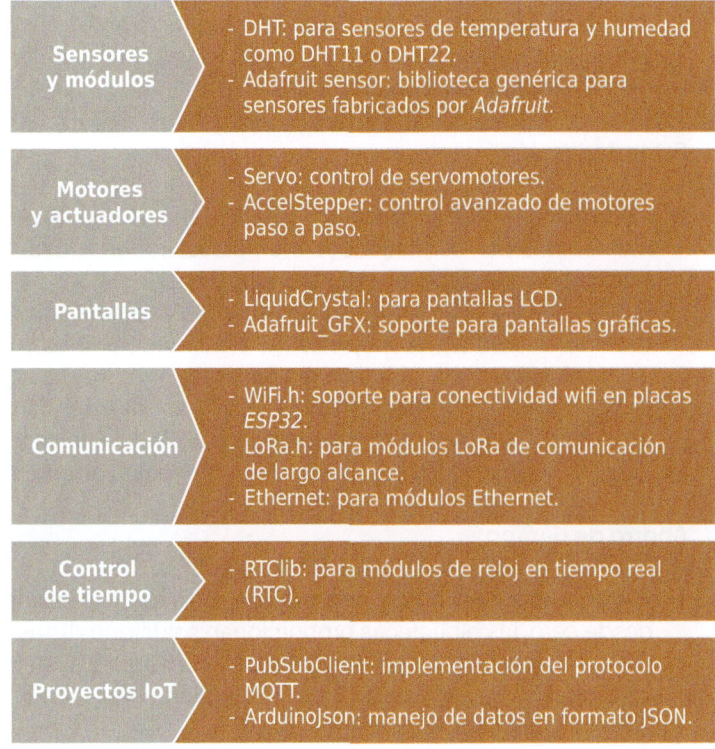

Sensores y módulos	- DHT: para sensores de temperatura y humedad como DHT11 o DHT22. - Adafruit sensor: biblioteca genérica para sensores fabricados por *Adafruit*.
Motores y actuadores	- Servo: control de servomotores. - AccelStepper: control avanzado de motores paso a paso.
Pantallas	- LiquidCrystal: para pantallas LCD. - Adafruit_GFX: soporte para pantallas gráficas.
Comunicación	- WiFi.h: soporte para conectividad wifi en placas *ESP32*. - LoRa.h: para módulos LoRa de comunicación de largo alcance. - Ethernet: para módulos Ethernet.
Control de tiempo	- RTClib: para módulos de reloj en tiempo real (RTC).
Proyectos IoT	- PubSubClient: implementación del protocolo MQTT. - ArduinoJson: manejo de datos en formato JSON.

Las bibliotecas son una herramienta fundamental para simplificar y potenciar los proyectos *Arduino.* Desde sensores hasta módulos de comunicación avanzados, estas colecciones de código predefinido te permiten trabajar de manera eficiente, centrando tus esfuerzos en la creatividad e innovación. Con una buena selección de bibliotecas, puedes llevar tus proyectos IoT al siguiente nivel, aprovechando al máximo las capacidades de la plataforma.

Algunos beneficios de usar las bibliotecas son:

➲ **Simplicidad:**

  � **Reducción de complejidad.** Las bibliotecas proporcionan funciones específicas que abstraen procesos complicados, permitiendo a los desarrolladores centrarse en la lógica principal del proyecto en lugar de los detalles técnicos del *hardware.*

Por ejemplo, en lugar de escribir un código extenso para leer un sensor de temperatura DHT, una biblioteca como DHT.h permite hacerlo con unas pocas líneas.

◊ **Curva de aprendizaje más suave.** Los principiantes pueden empezar con proyectos avanzados sin necesidad de entender todos los detalles técnicos del *hardware*.

➲ **Estandarización:**

◊ **Código confiable y probado.** Las bibliotecas son desarrolladas y mantenidas por comunidades o empresas reconocidas, lo que garantiza que el código sea robusto y funcional.
Por ejemplo, la biblioteca Servo.h está diseñada para controlar servomotores de forma precisa y estable, eliminando errores comunes de sincronización o limitación de movimiento.

◊ **Consistencia en los proyectos.** Usar bibliotecas estandarizadas asegura que diferentes desarrolladores trabajen con las mismas herramientas, facilitando la colaboración en proyectos grupales.

➲ **Ahorro de tiempo:**

◊ **Eliminación de trabajo redundante.** En lugar de escribir código desde cero, las bibliotecas proporcionan soluciones listas para usar.
Por ejemplo, controlar una pantalla LCD con LiquidCrystal.h requiere solo unas pocas líneas, en lugar de implementar toda la lógica de comunicación con el *hardware*.

◊ **Desarrollo más rápido.** Permite dedicar más tiempo al diseño y mejora del proyecto, ya que las funciones más comunes ya están implementadas en las bibliotecas.

➲ **Ampliación de funcionalidades:**

◊ **Facilidad para trabajar con *hardware* nuevo.** Las bibliotecas hacen que integrar *hardware* adicional (como sensores, módulos de comunicación o pantallas) sea sencillo y directo.
Por ejemplo, la biblioteca WiFi.h facilita conectar placas como *ESP32* a redes wifi, habilitando proyectos IoT avanzados.

◊ **Exploración de nuevas tecnologías.** Gracias a las bibliotecas, puedes incorporar tecnologías como LoRa, MQTT, JSON o incluso inteligencia artificial sin necesidad de ser un experto en cada área.

Los beneficios de usar bibliotecas en *Arduino* no solo simplifican el proceso de desarrollo, sino que también garantizan estándares de calidad, aceleran la implementación y permiten la integración de funcionalidades avanzadas.

Esto convierte a las bibliotecas en una herramienta imprescindible para cualquier proyecto, desde los más básicos hasta los más complejos. Por ello, destacamos algunos consejos a la hora de usarlas:

➲ **Seleccionar fuentes confiables.** Descarga bibliotecas de sitios oficiales o comunidades reconocidas, como *GitHub* o la página de *Arduino*. Esto asegura que el código sea seguro y esté bien documentado.
Opta por bibliotecas que tengan actualizaciones recientes o un historial activo de mantenimiento por parte de los desarrolladores. Esto garantiza compatibilidad con las versiones actuales del *Arduino IDE* y placas más recientes.
Lee los comentarios o valoraciones de las bibliotecas en *GitHub* o foros para asegurarte de que sean funcionales y confiables.
➲ **Consulta la documentación.** Las bibliotecas suelen incluir ejemplos y guías para comprender su uso. Explorar estos ejemplos es una excelente manera de entender su funcionamiento.
La mayoría de las bibliotecas tienen un archivo "README" en su repositorio que explica cómo instalarlas, configurarlas y usarlas.
Las bibliotecas suelen incluir una lista de funciones y parámetros que puedes usar. Familiarízate con ellos para aprovechar al máximo su potencial.
➲ **Actualiza regularmente.** Mantén tus bibliotecas actualizadas para garantizar compatibilidad y acceso a nuevas funciones del IDE. Además, corrigen errores y mejoran el rendimiento.
Actualiza las bibliotecas instaladas desde el administrador de bibliotecas de *Arduino IDE.*
Esto lo puedes hacer siguiendo las instrucciones:

⇕ Ve a Herramientas → Administrar bibliotecas.
⇕ Busca las bibliotecas instaladas que tengan una actualización disponible y haz clic en Actualizar.

Si un proyecto antiguo funciona correctamente con una versión específica de una biblioteca, guarda esa versión antes de actualizar, en caso de incompatibilidad con cambios recientes.
➲ **Evita la redundancia.** No incluyas la misma biblioteca varias veces en un *sketch.*
Si estás usando varias versiones de la misma biblioteca, asegúrate de que tu *sketch* esté configurado para utilizar la versión correcta.
Hay que mantener los proyectos separados y sus dependencias claras para evitar conflictos entre bibliotecas similares.
A medida que instalas bibliotecas, pueden acumularse duplicados o versiones obsoletas. Mantén tu carpeta Libraries organizada para evitar confusiones.

SABÍAS QUE...

Se pueden implementar modelos de aprendizaje automático en *Arduino*. Bibliotecas como **TensorFlow Lite for Microcontrollers** permiten ejecutar redes neuronales en placas como *Arduino Nano 33 BLE*.

Algunos desarrolladores incluyen mensajes ocultos o pequeños trucos en las bibliotecas. Por ejemplo, en bibliotecas de comunicación como LoRa, hay comentarios humorísticos o mensajes que solo los curiosos encontrarán al revisar el código fuente.

Existen bibliotecas para tareas curiosas y divertidas, como:

- **FastLED** para controlar tiras de LED con efectos complejos.
- **Tone** para generar música con un simple zumbador.
- **Ping** para medir distancias con sensores ultrasónicos.

Muchas bibliotecas en *Arduino* están basadas en algoritmos de décadas de antigüedad, escritos en C/C++ puro. Este legado muestra cómo el *software* antiguo sigue siendo útil en el desarrollo de tecnología moderna.

3.3. Monitor de serie y unidades de tiempo

El *monitor serie* es una herramienta integrada en el *Arduino IDE* que permite la comunicación entre tu placa *Arduino* y el ordenador. Se utiliza para enviar y recibir datos en tiempo real, lo que lo convierte en un recurso esencial para depurar, monitorear valores y enviar comandos a la placa durante la ejecución de un programa.

DEFINICIÓN

Monitor serie
Es una interfaz que permite enviar y recibir mensajes a través del puerto serie (USB) que conecta tu *Arduino* con el ordenador.

Continúa en página siguiente >>

<< Viene de página anterior

Utiliza el protocolo UART *(universal asynchronous receiver-transmitter)*, que es un estándar para comunicación en serie.

Para abrir el monitor de serie damos los siguientes pasos:

1. Conecta la placa *Arduino* al ordenador mediante un cable USB.
2. Abre el *Arduino IDE.*
3. Sube el *sketch* a la placa.
4. Haz clic en el icono del *monitor serie* (parece una lupa), o ve a **Herramientas → *monitor serie.***
5. Aparecerá una ventana donde puedes observar los datos enviados desde la placa y escribir comandos para enviarlos al *Arduino.*

Placa Arduino. Fuente: Página oficial de Arduino
Arduino - Home

La placa *Arduino* es la plataforma de *hardware* de código abierto que permite la interacción con componentes electrónico. *Arduino IDE* es el *software* utilizado para programar las placas *Arduino.*

A continuación, puedes ver las características del *monitor serie:*

➲ **Configuración:**

   ◑ Velocidad de transmisión (baudios):

      ⇕ La velocidad de comunicación entre *Arduino* y el *monitor serie* debe coincidir con la configurada en el código mediante la función Serial.begin().
      ⇕ Valores comunes: 9600, 19200, 115200.

⋃ Formato de envío. En el *monitor serie* puedes seleccionar cómo enviar los datos:

- ⇕ Sin nueva línea
- ⇕ Con nueva línea
- ⇕ Con retorno de carro
- ⇕ Con nueva línea y retorno de carro

➲ **Funciones básicas de serial:**

- ⋃ **Serial.begin(baudRate):** inicializa la comunicación serie.
- ⋃ **Serial.print(dato):** envía un dato al *monitor serie* sin un salto de línea.
- ⋃ **Serial.println(dato):** envía un dato al *monitor serie* seguido de un salto de línea.
- ⋃ **Serial.read():** lee datos enviados desde el *monitor serie* hacia el *Arduino.*
- ⋃ **Serial.available():** devuelve el número de *bytes* disponibles para leer.

➲ **Ventajas:**

- ⋃ **Depuración:** es ideal para encontrar errores o analizar el flujo de datos en un programa.
- ⋃ **Visualización de datos:** permite monitorear en tiempo real los valores de sensores o estados de actuadores.
- ⋃ **Interacción:** facilita la interacción con el *Arduino* al enviar comandos desde el ordenador.

➲ **Limitaciones:**

- ⋃ **Uso exclusivo del puerto:** si usas el *monitor serie,* no puedes usar el mismo puerto para otra comunicación (por ejemplo, con *bluetooth* o módulos LoRa).
- ⋃ **Velocidad limitada:** a velocidades altas (como 115.200 baudios), el envío/recepción de datos puede ser menos confiable en algunos ordenadores.

El *monitor serie* es una herramienta poderosa y versátil en *Arduino,* especialmente útil para depurar y experimentar. Dominar su uso te permitirá desarrollar proyectos más robustos y dinámicos, además de facilitar la interacción en tiempo real entre el *hardware* y el usuario.

El **control del tiempo** es esencial en muchos proyectos con *Arduino,* ya que permite gestionar eventos, realizar tareas en intervalos específicos o sincronizar procesos. *Arduino* proporciona funciones integradas que trabajan con milisegundos y microsegundos, las cuales son fundamentales para controlar retardos, medir duraciones o programar ciclos de ejecución.

NOTA

El tiempo en *Arduino* se mide desde el momento en que la placa comienza a ejecutarse, es decir, cuando se reinicia o se enciende.

Las unidades principales son:

- **Milisegundos (ms):** una milésima de segundo.
- **Microsegundos (μs):** una millonésima de segundo.

Las principales funciones del control del tiempo son:

delay(ms)
- Pausa la ejecución del programa durante un tiempo específico en milisegundos.
- Durante el *delay*, *Arduino* no ejecuta otras instrucciones, lo que puede ser una limitación en proyectos complejos.
- Útil para tareas simples donde no se requiere multitarea.

delayMicroseconds(us)
- Similar a *delay*, pero trabaja con microsegundos.
- Es útil para tareas que requieren tiempos muy precisos, como generar señales PWM personalizadas.

millis()
- Devuelve el número de milisegundos transcurridos desde que *Arduino* comenzó a ejecutarse.
- Es una función no bloqueante, lo que significa que permite realizar otras tareas mientras se mide el tiempo.
- Ideal para proyectos complejos que requieren ejecutar múltiples tareas simultáneamente.

micros()
- Devuelve el número de microsegundos transcurridos desde que *Arduino* comenzó a ejecutarse.
- Es ideal para mediciones más precisas o tareas críticas.

El manejo de tiempo en *Arduino* es esencial para implementar soluciones precisas y eficientes en proyectos variados. Las funciones como delay(), millis() y micros() son herramientas clave para diseñar sistemas robustos y bien sincronizados. Hay una serie de aplicaciones que demuestran la versatilidad de *Arduino* al trabajar con eventos dependientes del tiempo. Entre ellas destacan:

Control de motores
- Usar tiempos precisos para controlar servomotores o motores paso a paso.
- Ejemplo: pausar el motor cada cierto tiempo para permitir mediciones.

Medición de eventos
- Capturar el tiempo entre eventos, como el tiempo de respuesta de un sensor ultrasónico.
- Ejemplo: medir la distancia usando un sensor HC-SR04.

Generación de señales
- Crear pulsos personalizados para comunicarte con módulos o simular señales analógicas.
- Ejemplo: generación de una señal PWM personalizada.

Gestión de multitarea
- Ejecutar múltiples procesos en paralelo, como monitorear sensores mientras se activa un actuador.
- Ejemplo: multitarea en un semáforo. Controlar un semáforo mientras monitoreas un botón de emergencia.

 SABÍAS QUE...

La precisión del tiempo en *Arduino* depende de su cristal oscilador, y cualquier variación en su frecuencia (por ejemplo, debido a la temperatura) puede afectar ligeramente las mediciones. Sin embargo, esta variación es tan pequeña que es prácticamente imperceptible en la mayoría de los proyectos, ¡excepto en aplicaciones que requieren precisión extrema, como sincronización de satélites!

A continuación, puedes ver 10 curiosidades sobre el tiempo en *Arduino:*

- **No hay reloj interno real.** Aunque *Arduino* puede medir el tiempo desde que se enciende usando millis() y micros(), no tiene un reloj en tiempo real (RTC) integrado. Para conocer la hora y fecha exacta, se necesita un módulo externo como el DS3231.
- **El desbordamiento de millis() no es un problema.** La función millis() se reinicia cada 49 días aproximadamente, debido a su límite de 32 bits. Sin embargo, los cálculos basados en diferencias (como millis() - tiempoAnterior) siguen funcionando correctamente, ya que el desbordamiento afecta solo el valor absoluto, no las diferencias.
- **micros() es mucho más preciso que millis().** La precisión de micros() es de 4 microsegundos en la mayoría de las placas *Arduino,* mientras que millis() tiene una resolución de 1 ms. Esto hace que micros() sea ideal para tareas que requieren mediciones de alta precisión, como generar señales PWM personalizadas.
- **Ritmo constante gracias a un cristal.** *Arduino* mide el tiempo gracias a un cristal oscilador en su *hardware,* que vibra a una frecuencia específica (por ejemplo, 16 MHz en el *Arduino Uno).* Estas vibraciones marcan el "ritmo" para las funciones de tiempo y otras operaciones.
- **Técnicas avanzadas para evitar delay().** Aunque delay() es útil para principiantes, su uso bloquea todo el programa. Los desarrolladores avanzados prefieren usar millis() para implementar *"delays* no bloqueantes", que permiten ejecutar múltiples tareas simultáneamente.
- **¿71 minutos para micros()?** El desbordamiento de micros() ocurre aproximadamente cada 71 min porque cuenta hasta 2^{32} ms (4.294.967.296 µs). Esto equivale a 71 min y 34 s.
- **Relación con el protocolo MIDI.** El protocolo MIDI, usado para música digital, se basa en tiempos muy precisos. *Arduino,* utilizando funciones como millis() y micros(), puede generar o interpretar señales MIDI con sorprendente precisión, permitiendo crear sintetizadores o instrumentos electrónicos.
- **Simulación de relojes antiguos.** Algunos entusiastas han usado millis() y micros() para simular el funcionamiento de relojes mecánicos, como los que utilizaban péndulos, recreando los "tics" de manera electrónica.
- **¿Sabías que puedes hacer un cronómetro?** Usando millis(), puedes crear un cronómetro casero con unos pocos botones, una pantalla LCD y un *Arduino.* Es un proyecto clásico para aprender a manejar el tiempo de manera interactiva.
- ***Arduino* y el tiempo cósmico.** Algunos proyectos de aficionados han utilizado *Arduino* para medir intervalos en experimentos de astrofísica *amateur,* como el tiempo entre pulsos de estrellas binarias simulados con LED.

TAREA 3

En el contexto de las ciudades inteligentes, la integración de tecnologías IoT junto con la conectividad 5G ha permitido optimizar la gestión de recursos urbanos de manera más eficiente. TechCity Solutions se ha propuesto desarrollar una solución que permita monitorizar y gestionar el consumo de agua en la ciudad, con el objetivo de detectar fugas, reducir el desperdicio y optimizar la distribución del recurso.

Se debe diseñar un proyecto conceptual que describa cómo TechCity Solutions puede implementar un sistema IoT de gestión inteligente de agua. El sistema debe incluir componentes electrónicos (como *boards*, *shields* y sensores), plataformas *cloud* para la gestión de datos, y la utilización de la conectividad 5G para la transmisión de información en tiempo real.

Describe cómo diseñarías un sistema IoT para la gestión inteligente del consumo de agua en la ciudad. Incluye en tu respuesta los siguientes elementos:

1. Componentes electrónicos que utilizarías y sus funciones (ej. *boards*, sensores de flujo, etc.).
2. Cómo se utilizaría la conectividad 5G para transmitir datos y qué ventajas ofrece respecto a otras tecnologías.
3. El papel de las plataformas *cloud* y bases de datos en el almacenamiento y análisis de la información recopilada por los sensores.

---

4. Plataformas y servicios *cloud,* trabajando con BB. DD.

☞ HILO CONDUCTOR

TechCity Solutions ha implementado un sistema de iluminación pública inteligente en una ciudad para reducir el consumo de energía y mejorar la eficiencia. Los sensores de luz y movimiento conectados a *boards Arduino* están instalados en postes de luz para ajustar la intensidad de las luces en función de la cantidad de luz natural y la presencia de personas.

Continúa en página siguiente >>

<< Viene de página anterior

Los sensores se conectan a la plataforma *cloud* y los datos se almacenan en una base de datos NoSQL que permite registrar todos los eventos en tiempo real y almacenar grandes volúmenes de información de múltiples sensores.

Basado en el análisis de los datos, el sistema ajusta la intensidad de las luces de manera automática e inteligente.

En proyectos de internet de las cosas (IoT), la gestión de datos es un componente esencial, especialmente en el contexto de ciudades inteligentes. Los dispositivos IoT generan una gran cantidad de datos en tiempo real que necesitan ser recopilados, procesados, almacenados y analizados de manera eficiente. Aquí es donde entran en juego las plataformas y servicios *cloud* y las bases de datos (BB. DD.), que permiten manejar grandes volúmenes de datos y brindar servicios más rápidos y escalables.

DEFINICIÓN

Plataformas *cloud*

Son servicios que permiten a las empresas y organizaciones almacenar y procesar datos en servidores remotos, en lugar de depender de infraestructuras físicas locales. En el contexto de IoT, las plataformas *cloud* facilitan la conectividad entre dispositivos, el almacenamiento de datos y el análisis en tiempo real, ofreciendo una infraestructura flexible que se puede ajustar a las necesidades del proyecto.

Las plataformas y servicios en la nube son infraestructuras digitales que permiten a las empresas y desarrolladores utilizar recursos computacionales, almacenamiento y herramientas avanzadas a través de internet, sin necesidad de administrar servidores físicos. Estas plataformas son fundamentales en proyectos IoT, ya que centralizan la gestión de datos, permiten análisis en tiempo real y facilitan la escalabilidad.

A continuación, se detallan los puntos clave:

➲ **Almacenamiento de datos.** El almacenamiento de datos en la nube es crucial para gestionar la gran cantidad de información que generan los dispositivos IoT. Estos datos pueden ser almacenados de forma temporal (para procesamiento inmediato) o permanente (para análisis histórico). Las características del almacenamiento de datos son las siguientes:

◑ Tipos de almacenamiento:

⇕ Bases de datos relacionales (SQL):

○ Ejemplo: MySQL, PostgreSQL.
○ Almacenan datos estructurados, ideales para aplicaciones donde los datos tienen relaciones bien definidas.

⇕ Bases de datos NoSQL:

○ Ejemplo: MongoDB y DynamoDB.
○ Diseñadas para datos no estructurados, como imágenes, vídeos o datos de sensores heterogéneos.

⇕ Almacenamiento en bloques y objetos:

○ Ejemplo: AWS S3, *Google Cloud Storage*.
○ Útil para almacenar grandes volúmenes de datos binarios (archivos, multimedia).

◑ Ventajas del almacenamiento en la nube:

⇕ **Escalabilidad dinámica:** capacidad para aumentar o reducir el espacio de almacenamiento según sea necesario.
⇕ **Alta disponibilidad:** los datos son accesibles desde cualquier lugar con conexión a internet.
⇕ **Respaldo y recuperación:** protección ante pérdidas de datos gracias a copias automáticas.

◑ Ejemplo:

⇕ En un proyecto de monitoreo de cultivos, los sensores envían datos de humedad y temperatura al almacenamiento en la nube (AWS S3). Estos datos se conservan durante años para analizar tendencias climáticas y optimizar la producción agrícola.

⮑ **Procesamiento en tiempo real.** El procesamiento en tiempo real es esencial en proyectos IoT donde las decisiones deben tomarse de manera inmediata, como en sistemas de seguridad o tráfico.

Los sistemas de procesamiento en tiempo real permiten gestionar y analizar datos generados por dispositivos IoT de forma eficiente, ofreciendo soluciones adaptativas y respuestas inmediatas a eventos críticos. Su mecanismo de actuación es el siguiente:

◉ Flujo de procesamiento:

1. **Ingesta de datos:** los dispositivos envían datos mediante protocolos como MQTT, HTTP o WebSocket.
2. **Procesamiento en *streaming*:**

   ◉ Se utilizan servicios como *Apache Kafka, AWS Kinesis* o *Google Dataflow* para procesar datos en tiempo real.

3. **Generación de eventos:**

   ◉ Basado en reglas predefinidas, como enviar alertas cuando un sensor detecta un valor anómalo.

◉ Casos de uso:

   ⇕ Ajustar automáticamente un sistema de riego si la humedad del suelo está por debajo de un umbral.
   ⇕ Activar alarmas de seguridad si se detecta movimiento no autorizado.

◉ Ventajas:

   ⇕ **Respuesta rápida:** permite actuar de inmediato ante eventos críticos.
   ⇕ **Optimización de recursos:** ajusta dinámicamente el comportamiento de los dispositivos según las condiciones actuales.

◉ Ejemplo:

   ⇕ Una plataforma de tráfico inteligente procesa en tiempo real los datos enviados por cámaras y sensores de vehículos. Si detecta congestión en una vía, ajusta los semáforos automáticamente para mejorar el flujo.

➲ **Herramientas de análisis y visualización.** Las herramientas de análisis y visualización transforman los datos recopilados en información útil para la toma de decisiones. Estas herramientas permiten comprender patrones, detectar anomalías y prever comportamientos futuros.

En primer lugar, determinamos los tipos de análisis de datos:

◉ Descriptivo:

   ⇕ Muestra lo que ha sucedido.
   ⇕ Ejemplo: gráficos históricos de consumo energético por hora.

◉ Predictivo:

   ⇕ Utiliza modelos de *machine learning* para anticipar eventos futuros.
   ⇕ Ejemplo: predicción de fallas en maquinaria industrial.

◉ Prescriptivo:

   ⇕ Sugiere acciones basadas en datos analizados.
   ⇕ Ejemplo: proponer ajustes en el sistema de riego según el clima esperado.

Las herramientas de visualización de los datos son:

◉ *Dashboards* personalizados:

   ⇕ Interfaces gráficas que muestran datos en tiempo real.
   ⇕ Ejemplo: *Grafana, Tableau* y *Power BI.*

◉ Integración nativa con plataformas *cloud:*

   ⇕ AWS QuickSight, Google Data Studio y Azure Monitor.

Ventajas:

◉ **Toma de decisiones informadas:** presenta datos de manera comprensible y visual.
◉ **Monitorización en tiempo real:** permite detectar problemas y oportunidades al instante.

Ejemplo:

◉ En una fábrica conectada, un *dashboard* creado con *Grafana* muestra en tiempo real los niveles de vibración y temperatura de las máquinas. Si los valores exceden los límites, se activa una alarma visual y sonora.

⊃ **Gestión de dispositivos IoT.** La gestión de dispositivos IoT es fundamental para supervisar, controlar y mantener en funcionamiento los dispositivos conectados de manera eficiente.
Las características clave en la gestión son:

‒ Monitorización de estado:

  ⇕ Verificar si los dispositivos están conectados, desconectados o en error.
  ⇕ Ejemplo: monitorizar el nivel de batería de sensores remotos.

‒ Actualizaciones OTA *(over-the-air):*

  ⇕ Permiten actualizar el *firmware* o configuraciones de los dispositivos sin necesidad de acceso físico.
  ⇕ Ejemplo: enviar un nuevo *firmware* a termostatos inteligentes en hogares conectados.

‒ Gestión de grupos de dispositivos:

  ⇕ Organizar dispositivos en grupos para aplicar configuraciones o comandos simultáneamente.

‒ Autenticación y control de acceso:

  ⇕ Asegurar que solo dispositivos autorizados puedan conectarse a la plataforma.

Ventajas:

‒ **Eficiencia operativa:** reduce el tiempo y esfuerzo necesario para mantener dispositivos distribuidos.
‒ **Escalabilidad:** gestiona cientos o miles de dispositivos simultáneamente.
‒ **Seguridad:** protege los dispositivos de accesos no autorizados o ciberataques.

Ejemplo:

‒ *Azure IoT Hub* gestiona una red de medidores de agua inteligentes instalados en una ciudad. La plataforma permite monitorear el estado de los dispositivos, actualizar sus configuraciones y enviar alertas en caso de fallas.

Estos cuatro pilares son fundamentales para cualquier proyecto IoT que busque eficiencia, escalabilidad y resultados basados en datos. Integrar estas capacidades con plataformas y servicios *cloud* asegura el éxito en la implementación de soluciones IoT avanzadas y sostenibles.

Las ventajas de usar plataformas *cloud* en proyectos IoT son las siguientes:

Escalabilidad
A medida que aumenta el número de dispositivos IoT, las plataformas *cloud* pueden escalar fácilmente para manejar más datos y usuarios sin necesidad de inversiones en *hardware* adicional.

Accesibilidad
Se puede acceder a los datos almacenados en la nube desde cualquier lugar, siempre que haya conexión a internet, lo que facilita la gestión remota de los sistemas IoT.

Reducción de costes
Usar la nube elimina la necesidad de invertir en infraestructura física, lo que reduce costes operativos y de mantenimiento.

Procesamiento en tiempo real
Las plataformas *cloud* permiten el procesamiento y análisis de datos en tiempo real, lo que es esencial para tomar decisiones rápidas y automatizadas.

Algunas plataformas *cloud* en proyectos IoT son las siguientes:

AWS IoT (Amazon web services)
Ofrece una gama completa de servicios para conectar dispositivos, almacenar datos, analizar información y gestionar dispositivos IoT de manera segura.

Microsoft Azure IoT Hub
Permite la conexión, monitoreo y gestión de dispositivos IoT, junto con opciones avanzadas de análisis de datos.

Google Cloud IoT
Plataforma que facilita la conectividad de dispositivos y ofrece herramientas de *machine learning* para analizar datos en tiempo real.

DEFINICIÓN

Bases de datos (BB. DD.)
Son un elemento crucial en proyectos IoT, ya que permiten almacenar y organizar los datos recopilados por los dispositivos.

Dependiendo de las necesidades del proyecto, se pueden utilizar diferentes tipos de bases de datos:

Bases de datos relacionales (SQL)
Estas bases de datos estructuran los datos en tablas, con filas y columnas. Son ideales para datos que necesitan consistencia y relaciones definidas (por ejemplo, bases de datos de usuarios). Ejemplos: *MySQL, PostgreSQL* y *SQL Server.*

Bases de datos NoSQL
Diseñadas para manejar grandes volúmenes de datos no estructurados o semi-estructurados, como los generados por sensores IoT. Ofrecen mayor flexibilidad y escalabilidad. Ejemplos: *MongoDB, Cassandra* y *Firebase.*

Bases de datos en tiempo real
Utilizadas para proyectos que requieren el procesamiento inmediato de datos, como el monitoreo de tráfico o la detección de eventos. Permiten responder a los datos en el momento en que se generan. Ejemplos: *Redis* e *InfluxDB.*

APLICACIÓN PRÁCTICA

Una ciudad inteligente dispone de miles de dispositivos IoT que están conectados simultáneamente para gestionar el tráfico, monitorear la calidad del aire, controlar sistemas de riego y operar vehículos autónomos. En este entorno, la conectividad es crucial y cualquier retraso o limitación en la capacidad podría afectar la eficiencia de los servicios urbanos.

Continúa en página siguiente >>

<< Viene de página anterior

Con el surgimiento de la tecnología 5G, las ciudades están experimentando una revolución en la forma en que se comunican estos dispositivos. A diferencia de las redes 4G, el 5G promete resolver los desafíos de latencia, velocidad y capacidad, convirtiéndose en el pilar de infraestructuras IoT avanzadas.

¿Qué aspecto destaca el uso de 5G en comparación con tecnologías anteriores como 4G en proyectos de IoT?

Solución

El 5G ofrece velocidades de transmisión más rápidas y una mayor capacidad para conectar múltiples dispositivos simultáneamente en comparación con tecnologías anteriores como 4G. Esto significa que el 5G permite transmitir datos a alta velocidad, con menor latencia, lo que es esencial para aplicaciones que requieren respuestas en tiempo real, como el control de tráfico, la gestión de infraestructuras críticas o el monitoreo ambiental en proyectos IoT.

Además, el 5G puede soportar una mayor densidad de dispositivos conectados, lo que es ideal para ciudades inteligentes donde se utilizan miles de sensores y dispositivos IoT en diferentes ubicaciones para recopilar datos y gestionar servicios urbanos. Esto permite una comunicación más eficiente y rápida, mejorando el rendimiento general de los sistemas IoT.

En proyectos IoT, los dispositivos generan grandes cantidades de datos:

- **Consultas.** El almacenamiento de datos es uno de los pilares fundamentales en proyectos IoT, ya que permite registrar información generada por los dispositivos conectados para su uso futuro. Este enfoque asegura que los datos no se pierdan y estén disponibles para diferentes análisis o consultas en cualquier momento.
  ¿Qué implica almacenar datos para consulta?

  - Persistencia de datos:

    - Los datos generados por dispositivos IoT, como sensores de temperatura o cámaras de vigilancia, se guardan en bases de datos estructuradas (SQL) o no estructuradas (NoSQL).
    - Ejemplo: una estación meteorológica almacena lecturas diarias de temperatura y humedad en una base de datos para análisis estacional.

◐ Gestión histórica:

　　◈ Los datos históricos permiten analizar tendencias y patrones a lo largo del tiempo.
　　◈ Ejemplo: Datos de consumo energético en un edificio se almacenan mensualmente para evaluar la eficiencia y reducir costes.

Ventajas del almacenamiento en bases de datos:

◐ **Acceso centralizado.** Toda la información está disponible desde una única fuente, lo que facilita su consulta.
◐ **Compatibilidad con otras herramientas.** Los datos almacenados pueden integrarse con sistemas de análisis, *dashboards* y *machine learning*.

⊃ **Obtener información útil.** La capacidad de procesar datos almacenados es lo que convierte la información en conocimiento útil. En los proyectos IoT, el procesamiento de datos es esencial para detectar patrones, identificar anomalías o extraer *insights* relevantes.
¿Qué implica procesar datos?

◐ Limpieza y transformación:

　　◈ Los datos crudos enviados por dispositivos IoT suelen contener ruido o formatos inconsistentes. El procesamiento incluye su limpieza y normalización para garantizar precisión y utilidad.
　　◈ Ejemplo: un sensor de humedad envía lecturas irregulares debido a interferencias. El sistema elimina las anomalías y promedia los valores.

◐ Identificación de patrones:

　　◈ Algoritmos analizan los datos en busca de relaciones y tendencias.
　　◈ Ejemplo: los datos de un sensor de vibración en una máquina industrial se procesan para identificar patrones que podrían indicar un desgaste inminente.

◐ Generación de métricas:

　　◈ Se calculan métricas clave para evaluar el desempeño de dispositivos o sistemas.
　　◈ Ejemplo: procesar datos de tráfico para calcular el tiempo promedio de espera en una intersección.

Ventajas del procesamiento en bases de datos:

- **Automatización de decisiones.** Los datos procesados pueden activar sistemas automatizados, como ajustar la intensidad de luces en una ciudad inteligente.
- **Velocidad y eficiencia.** Las bases de datos modernas permiten procesar grandes volúmenes de datos en segundos.

- **Visualización para la toma de decisiones.** La visualización de datos es el paso final para hacer que la información procesada sea accesible y comprensible para los responsables de la toma de decisiones. Las herramientas de visualización presentan los datos en gráficos, tablas y *dashboards* interactivos.

¿Qué implica visualizar datos?

- Creación de *dashboards* interactivos:
  - Los *dashboards* muestran datos en tiempo real de manera clara y atractiva.
  - Ejemplo: un sistema de monitoreo de calidad del aire presenta niveles de CO_2, PM2.5 (partículas finas en suspensión en el aire con un diámetro aerodinámico de 2,5 micrómetros o menos) y humedad en gráficos interactivos accesibles desde un navegador.
- Alertas y notificaciones visuales:
  - Los sistemas generan alertas destacadas cuando los datos superan umbrales críticos.
  - Ejemplo: en un *dashboard* de monitoreo industrial, un gráfico en rojo alerta sobre temperaturas peligrosas en una máquina.
- Generación de reportes personalizados:
  - Los datos visualizados pueden exportarse en forma de reportes para presentaciones o análisis detallados.
  - Ejemplo: reportes mensuales sobre el uso de energía en un edificio inteligente.

Ventajas de la visualización en bases de datos:

- **Mayor comprensión.** Las gráficas y tablas permiten identificar tendencias o anomalías de un vistazo.
- **Accesibilidad.** Las visualizaciones pueden compartirse fácilmente con diferentes equipos, independientemente de su experiencia técnica.

👁 EJEMPLO

A continuación, puedes ver ejemplos reales de usos de bases de datos:

- **Consultas.** En una red de semáforos inteligentes, cada cambio de señal se registra en una base de datos. Esto permite a los administradores evaluar la eficiencia del sistema de tráfico durante diferentes horas del día, optimizando futuros ajustes.
- **Obtener información útil.** En una granja conectada, los datos de sensores de suelo y clima se procesan para determinar si es necesario activar el sistema de riego. Esto reduce el desperdicio de agua y mejora la productividad agrícola.
- **Visualización para toma de decisión.** En una fábrica conectada, un *dashboard* creado con herramientas como *Grafana* muestra la eficiencia de cada línea de producción en tiempo real. Los supervisores pueden identificar rápidamente las áreas que necesitan ajustes, como una línea que opera por debajo del 80 % de su capacidad.

La **arquitectura** de un proyecto IoT con bases de datos y la nube es fundamental para estructurar cómo los dispositivos conectados interactúan con los servicios *cloud* para recolectar, procesar, almacenar y analizar datos. Este tipo de arquitectura define los componentes clave y sus interacciones, asegurando que el sistema sea escalable, eficiente y seguro.

En un mundo donde los dispositivos IoT generan enormes cantidades de datos en tiempo real, una arquitectura bien diseñada permite centralizar la información en la nube, procesarla para obtener *insights* útiles y tomar decisiones automatizadas o asistidas. A través de esta integración, es posible gestionar de manera óptima tanto los dispositivos como los datos, creando sistemas que no solo reaccionen, sino que también evolucionen según las necesidades del entorno.

Los elementos principales de una arquitectura IoT basada en bases de datos y la nube son:

➲ **Recolección de datos:**

- Los dispositivos IoT recopilan datos (por ejemplo, temperatura, humedad, posición) mediante sensores.
- Los datos se envían a la nube a través de protocolos como MQTT, HTTP o WebSocket.

⊃ Procesamiento y almacenamiento:

◯ Plataforma IoT: actúa como intermediaria entre los dispositivos y la base de datos, gestionando autenticación, seguridad y recolección.
◯ Base de datos:

- ⇕ Los datos en tiempo real se almacenan en una base de datos en la nube.
- ⇕ Los datos históricos se estructuran para análisis a largo plazo.

⊃ Análisis y visualización:

◯ Los datos almacenados se procesan con herramientas de análisis (como *Google Data Studio* o *Power BI*).
◯ Los *dashboards* muestran métricas clave y permiten tomar decisiones basadas en datos.

⊃ Acción y control. Con base en los datos procesados, se pueden enviar comandos a los dispositivos IoT para ajustar su comportamiento.

 **EJEMPLO**

Ejemplo práctico: monitoreo de cultivos con IoT y bases de datos

1. Dispositivos:

   - Sensores de humedad y temperatura del suelo
   - Estaciones meteorológicas

2. Flujo de datos:

   - Los sensores envían datos en tiempo real al servicio *cloud* mediante MQTT.
   - Los datos se almacenan en una base de datos NoSQL (como DynamoDB) para un acceso rápido.

3. Visualización:

   - Un *dashboard* muestra los niveles de humedad y temperatura.
   - Un sistema de alertas envía notificaciones cuando se detectan niveles críticos.

Continúa en página siguiente >>

<< Viene de página anterior

4. Automatización:

- Si la humedad está por debajo del umbral, se activa automáticamente un sistema de riego mediante un comando enviado desde la nube al dispositivo IoT.

- -

El uso de plataformas y servicios *cloud* junto con bases de datos permite gestionar, almacenar y analizar datos IoT de manera eficiente, escalable y segura. Estas herramientas son esenciales para aprovechar al máximo los datos generados por dispositivos IoT, permitiendo una toma de decisiones informada y la creación de soluciones automatizadas e inteligentes.

Los servicios *cloud* específicos para IoT son los siguientes:

⮑ **Conexión de dispositivos IoT:**

- ⊍ Los servicios *cloud* actúan como un puente entre los dispositivos IoT y las aplicaciones, facilitando la conexión, autenticación y comunicación.
- ⊍ **Ejemplo:** *AWS IoT Core* permite conectar millones de dispositivos mediante protocolos como MQTT y HTTP.

⮑ **Monitoreo y gestión de dispositivos:**

- ⊍ Las plataformas *cloud* permiten gestionar dispositivos a gran escala, monitoreando su estado y actualizando su *firmware* de manera remota.
- ⊍ **Ejemplo:** *Azure IoT Hub* permite enviar comandos y realizar actualizaciones OTA *(over-the-air)*.

⮑ **Procesamiento de datos en tiempo real:**

- ⊍ Los datos enviados por dispositivos IoT se procesan inmediatamente en la nube, permitiendo respuestas rápidas.
- ⊍ **Ejemplo:** *Google Cloud IoT Core* procesa datos de sensores para activar alertas o ajustar sistemas automáticamente.

⊃ **Almacenamiento y análisis de datos:**

- Los servicios *cloud* almacenan grandes volúmenes de datos generados por dispositivos IoT y proporcionan herramientas para analizarlos.
- **Ejemplo:** *BigQuery* de *Google Cloud* permite analizar datos históricos para identificar patrones y tendencias.

⊃ **Integración con IA y *machine learning:***

- Las plataformas *cloud* permiten aplicar modelos de inteligencia artificial para predecir comportamientos u optimizar procesos.
- **Ejemplo:** *AWS SageMaker* puede analizar datos de sensores IoT para predecir fallos en equipos.

 **EJEMPLO**

Ejemplo real: gestión de una ciudad inteligente con *AWS*

1. **Conexión.** Los semáforos, estaciones meteorológicas y sensores de tráfico están conectados a *AWS IoT Core*, que centraliza los datos.
2. **Monitoreo y control.** A través de una plataforma web conectada a *AWS IoT Core*, los operadores monitorean el estado del tráfico y ajustan los semáforos en tiempo real.
3. **Procesamiento y almacenamiento.** Los datos de tráfico se almacenan en DynamoDB y se procesan con *AWS Lambda* para generar reportes.
4. **Análisis predictivo.** Usando *SageMaker*, se analizan los patrones de tráfico para predecir y prevenir congestiones en horas pico.
5. **Escalabilidad y seguridad.** A medida que se añaden más dispositivos (como cámaras o sensores de calidad del aire), *AWS IoT Core* gestiona la carga adicional sin interrupciones, garantizando la seguridad de los datos.

La arquitectura de un proyecto IoT no es estática; debe diseñarse de manera flexible para adaptarse a nuevas tecnologías, cambios en los requisitos del sistema y escalabilidad futura. Una buena planificación inicial evita problemas de integración y garantiza el éxito del proyecto a largo plazo.

Un diseño bien estructurado permite implementar flujos de datos automatizados que no solo reaccionan a eventos, sino que también anticipan problemas mediante análisis predictivos.

La arquitectura debe incluir herramientas para monitorear tanto el estado de los dispositivos como el flujo de datos. Esto asegura un funcionamiento continuo y permite realizar ajustes rápidamente en caso de fallos.

 SABÍAS QUE...

Algunos proyectos IoT están diseñados para almacenar y procesar datos incluso **en el espacio.** Por ejemplo, **satélites de órbita baja (LEO),** como los utilizados por SpaceX en su red *Starlink,* actúan como dispositivos IoT gigantes que recopilan y transmiten datos a la Tierra. Estos satélites dependen de arquitecturas similares a las de los proyectos IoT convencionales, pero utilizan bases de datos distribuidas en la nube para gestionar millones de conexiones simultáneas.

Además, las plataformas *cloud* que soportan estos proyectos no solo procesan datos de los satélites en tiempo real, sino que también almacenan información histórica que permite analizar el impacto ambiental, predecir patrones climáticos o rastrear cambios geográficos a lo largo de años. ¡Es un claro ejemplo de cómo las arquitecturas IoT están expandiendo sus límites más allá del planeta!

 APLICACIÓN PRÁCTICA

Este entorno de desarrollo simplifica el proceso de escritura, compilación y carga de código en las placas *Arduino,* ofreciendo una interfaz amigable para principiantes y opciones avanzadas para desarrolladores más experimentados. Una de sus características principales es el uso de un lenguaje basado en C/C++, que facilita la integración de librerías y la creación de proyectos de *hardware* interactivo. ¿Cuál de las siguientes afirmaciones sobre *Arduino IDE* es correcta?

a. Solo permite programar en lenguaje ensamblador.
b. No incluye un compilador ni herramientas de depuración.
c. Utiliza un lenguaje basado en C/C++ y permite cargar programas en placas *Arduino.*
d. Es una herramienta exclusivamente para diseñar *hardware.*

Continúa en página siguiente >>

<< *Viene de página anterior*

Solución

El lenguaje de programación utilizado en *Arduino IDE* es una simplificación basada en C/C++. Este entorno permite cargar el código en las placas *Arduino* a través de su interfaz gráfica amigable y su herramienta de carga por USB o puerto serie.

 TAREA 4

TechCity Solutions ha sido contratada para desarrollar un sistema de **gestión inteligente del tráfico** en una ciudad que enfrenta problemas de congestión vehicular durante las horas de mayor tráfico. La solución debe incluir sensores para monitorear el flujo de tráfico, conectividad 5G para transmitir datos en tiempo real y una plataforma *cloud* para analizar la información y optimizar la sincronización de los semáforos. El objetivo es reducir el tiempo de viaje, disminuir las emisiones de carbono y mejorar la fluidez del tráfico.

1. ¿Qué tipos de sensores incluirías en el sistema para monitorear el tráfico y por qué?
2. Explica cómo la conectividad 5G mejoraría el rendimiento de este sistema en comparación con otras tecnologías.
3. Describe el papel de la plataforma *cloud* en la gestión del sistema de tráfico inteligente. ¿Qué beneficios ofrece?

 ACTIVIDAD COMPLEMENTARIA

3. En el mundo de la tecnología y la electrónica, las ***boards*** (placas base) como *Arduino, Raspberry Pi* y similares se han convertido en herramientas esenciales para desarrollar proyectos innovadores. Una de sus características más destacadas es la capacidad de interactuar con el mundo físico mediante sensores y *shields*, permitiendo medir temperatura, humedad, luz

Continúa en página siguiente >>

<< Viene de página anterior

y movimiento, entre otros. Comprender los tipos de sensores disponibles, su funcionamiento, y cómo se integran con las *boards* es clave para el desarrollo de proyectos en IoT y sistemas inteligentes.

Investiga diferentes sensores y *shields* y analiza sus características técnicas y funcionalidades.
Selecciona sensores de ambiente (temperatura, humedad, presión) y expón:

- Tipos de sensores o *shields* de esta categoría
- Principales fabricantes y modelos destacados
- Protocolos de comunicación utilizados (I2C, SPI, UART, etc.)
- Ejemplos de aplicaciones prácticas en proyectos reales

 ## ACTIVIDAD COMPLEMENTARIA

4. La revolución del internet de las cosas (IoT) ha generado un enorme flujo de datos provenientes de dispositivos conectados. Para gestionar, almacenar y analizar esta información, los servicios en la nube desempeñan un papel fundamental. Servicios como **AWS IoT Core, Google Cloud IoT** y **Azure IoT Hub** ofrecen herramientas avanzadas para integrar dispositivos, monitorear sistemas en tiempo real y generar información procesable.

Investiga los servicios *cloud* más utilizados en proyectos IoT, analiza sus características y presenta un ejemplo de uso.
Para ello, selecciona un servicio para investigar, desarrolla un proyecto, por ejemplo, **Google Cloud IoT Core,** y realizarlo siguiente:

- Descripción general del servicio
- Características clave y herramientas específicas para IoT
- Protocolos compatibles (MQTT, HTTP, CoAP, etc.)
- Casos de uso reales o ejemplos de implementación

---

5. Resumen

Los aspectos fundamentales para la implementación de proyectos de IoT en el contexto de ciudades inteligentes, aprovechando la conectividad 5G, se pueden abordar en tres puntos clave:

1. **Componentes electrónicos: *boards, shields* y sensores.** Son los componentes básicos que forman parte de un proyecto IoT. Las *boards* (como *Arduino* y *ESP32)* actúan como el cerebro que controla el sistema; los *shields* añaden funcionalidades adicionales (como conectividad wifi o *bluetooth)* y los sensores permiten recoger datos del entorno (temperatura, movimiento, calidad del aire, etc.).
2. **Primeros pasos en *Arduino IDE.*** Una pequeña introducción a un entorno de desarrollo que permite programar dispositivos IoT de forma sencilla. Conceptos básicos como la estructura de un *sketch,* la conexión de sensores y la carga de programas en las *boards,* destacando su aplicación en prototipos para soluciones de ciudades inteligentes.
3. **Plataformas y servicios *cloud,* trabajando con BB. DD.** El uso de plataformas *cloud* para almacenar y gestionar grandes volúmenes de datos generados por dispositivos IoT, y la importancia de bases de datos (BB. DD.) para organizar esta información.

Los servicios *cloud* específicos para IoT ofrecen una serie de funcionalidades, como son:

- ⮑ Conexión de dispositivos IoT
- ⮑ Monitoreo y gestión de dispositivos
- ⮑ Procesamiento en tiempo real
- ⮑ Almacenamiento y análisis de datos

Cabe destacar cómo las tecnologías IoT, combinadas con la conectividad 5G, pueden mejorar la eficiencia y sostenibilidad en las ciudades al permitir la comunicación rápida y continua entre dispositivos, lo que resulta clave para desarrollar soluciones innovadoras en gestión de tráfico, monitoreo ambiental y control de infraestructuras.

Ejercicios de autoevaluación
Unidad de Aprendizaje 2

1. ¿Qué es una *board* en el contexto de proyectos IoT?

    a. Un *software* para diseñar redes.
    b. Un componente que permite controlar y gestionar sensores en un sistema IoT.
    c. Un dispositivo para almacenar datos en la nube.
    d. Una aplicación móvil para gestionar redes sociales.

2. ¿Cuál de los siguientes sensores se utilizaría para medir la calidad del aire en un proyecto IoT?

    a. Sensor de humedad
    b. Sensor de temperatura
    c. Sensor de CO_2
    d. Sensor de presión

3. ¿Cuál es la ventaja principal de utilizar conectividad 5G en proyectos IoT?

    a. Mayor consumo de energía
    b. Velocidad de transmisión más lenta
    c. Baja latencia y alta capacidad para conectar múltiples dispositivos
    d. Necesidad de cables adicionales para la conectividad

4. ¿Qué función tiene un *shield* en un proyecto IoT?

    a. Aumentar la potencia de la *board.*
    b. Proporcionar funciones adicionales, como conectividad wifi o control de motores.
    c. Actuar como un sensor de temperatura.
    d. Almacenar datos de los sensores.

5. ¿Para qué se utiliza el *Arduino IDE?*

    a. Para programar y cargar código en *boards Arduino.*
    b. Para almacenar datos en la nube.

c. Para diseñar redes inalámbricas.

d. Para conectar dispositivos *bluetooth* a un teléfono móvil.

6. ¿Qué tipo de base de datos es más adecuada para manejar grandes volúmenes de datos no estructurados generados por dispositivos IoT?

a. Base de datos SQL

b. Base de datos de texto plano

c. Base de datos NoSQL

d. Base de datos relacional

7. ¿Qué tipo de información se puede visualizar en una plataforma *cloud* para proyectos IoT?

a. Solo imágenes

b. Datos de sensores en tiempo real y gráficos históricos

c. Solo texto

d. Información de redes sociales

8. ¿Cuál de los siguientes es un ejemplo de un proyecto IoT para ciudades inteligentes?

a. Un sistema de gestión de tráfico que ajusta los semáforos en tiempo real

b. Una aplicación para reproducir música

c. Un programa de edición de fotos

d. Un servicio de transmisión de películas

9. ¿Por qué es importante la escalabilidad en un sistema IoT conectado a una plataforma *cloud?*

a. Permite agregar más dispositivos y manejar mayores volúmenes de datos sin problemas.

b. Reduce el tamaño físico de los dispositivos.

c. Disminuye el coste de los sensores.

d. Aumenta el consumo de energía de los dispositivos.

10. **¿Qué permite el uso de sensores de movimiento en proyectos de IoT en ciudades inteligentes?**

    a. Controlar la intensidad de la luz pública según la presencia de personas.

    b. Monitorizar el flujo de agua en las tuberías.

    c. Medir la temperatura del aire.

    d. Detectar el nivel de humedad del suelo.

Glosario

5G
La quinta generación de tecnología móvil, que ofrece alta velocidad, baja latencia y mayor capacidad para conectar múltiples dispositivos simultáneamente. Es fundamental para la transmisión de datos en tiempo real en proyectos de IoT en ciudades inteligentes.

Arduino
Plataforma de *hardware* y *software* que permite la programación y prototipado de proyectos electrónicos. Es ampliamente utilizada en IoT para controlar sensores, actuadores y otros dispositivos.

Arduino IDE
Entorno de desarrollo integrado utilizado para programar placas *Arduino*. Permite escribir, compilar y cargar código en los dispositivos *Arduino*.

Big data
Conjunto de tecnologías y técnicas que permiten almacenar, procesar y analizar grandes volúmenes de datos generados por dispositivos IoT, para extraer información valiosa y apoyar la toma de decisiones en ciudades inteligentes.

Blockchain
Tecnología que crea una cadena de bloques de datos asegurada por criptografía. Se utiliza en proyectos de ciudades inteligentes para garantizar la transparencia y seguridad en la gestión de datos.

Board
Placa electrónica que actúa como unidad central de control en proyectos IoT. Las *boards,* como *Arduino* o *ESP32,* gestionan la recopilación y transmisión de datos entre sensores y actuadores.

Certificación DTI (destino turístico inteligente)
Reconocimiento otorgado a ciudades que utilizan tecnología avanzada para mejorar la experiencia turística y la sostenibilidad del destino.

Cloud computing
Modelo de computación en la nube que permite almacenar, procesar y acceder a datos a través de internet. En IoT, facilita la gestión de datos desde múltiples dispositivos conectados.

Conectividad
La capacidad de dispositivos para comunicarse e intercambiar datos a través de redes. En el contexto de IoT, la conectividad 5G permite la transmisión rápida y eficiente de datos en tiempo real.

ESP32
Una *board* popular en proyectos IoT que cuenta con conectividad wifi y *bluetooth* integrada, permitiendo la comunicación inalámbrica y el control de sensores y actuadores.

IDE (entorno de desarrollo integrado)
Software que facilita la escritura, compilación y depuración de código para programar dispositivos. Ejemplos: *Arduino IDE* y *Visual Studio Code*.

Inteligencia artificial (IA)
Tecnología que permite a las máquinas aprender y tomar decisiones basadas en datos. Se utiliza en ciudades inteligentes para optimizar sistemas como el tráfico, la gestión energética y la seguridad.

Internet de las cosas (IoT)
Red de dispositivos conectados que interactúan y comparten datos a través de internet, permitiendo la automatización y el control remoto de sistemas en ciudades inteligentes.

Machine learning
Subcampo de la inteligencia artificial que permite a los sistemas aprender y mejorar automáticamente a partir de los datos sin ser programados explícitamente para ello.

MQTT
Protocolo de comunicación ligero utilizado en proyectos IoT para la transmisión de datos entre dispositivos. Es eficiente y adecuado para redes con ancho de banda limitado.

NoSQL
Tipo de base de datos que permite manejar grandes volúmenes de datos no estructurados. Es útil para almacenar datos generados por dispositivos IoT que no siguen un formato predefinido.

ODS (objetivos de desarrollo sostenible)
Conjunto de 17 objetivos definidos por la ONU en la Agenda 2030 para promover la sostenibilidad, inclusión y el desarrollo equitativo en las ciudades y el mundo.

Plataforma *cloud*
Servicio que permite almacenar, procesar y gestionar datos a través de la nube, facilitando el análisis en tiempo real y la automatización en proyectos de IoT.

PM2.5
Partículas finas en el aire que son peligrosas para la salud. Los sensores de PM2.5 se utilizan en sistemas IoT para monitorear la calidad del aire en ciudades inteligentes.

Raspberry Pi
Minicomputadora que se utiliza en proyectos IoT para ejecutar programas más complejos que los soportados por *boards* simples como *Arduino.*

Sensor
Dispositivo que detecta cambios físicos (como temperatura, movimiento, luz, calidad del aire) y convierte esos cambios en datos que se pueden analizar y procesar.

Shields
Módulos adicionales que se conectan a *boards* para agregar funcionalidades como conectividad wifi, control de motores o almacenamiento extra.

Smart city (ciudad inteligente)
Ciudad que utiliza tecnologías avanzadas para mejorar la gestión de servicios públicos, optimizar recursos y proporcionar una mejor calidad de vida a sus habitantes.

SQL
Lenguaje utilizado para gestionar bases de datos relacionales, donde los datos se almacenan en tablas estructuradas. Es útil para manejar registros que necesitan consistencia y relaciones definidas.

Wifi
Tecnología que permite la comunicación inalámbrica entre dispositivos. Es común en proyectos IoT para conectar sensores, *boards* y otros dispositivos a internet.

Bibliografía

→ GARCÍA Ramos, M. A.: *IoT y Arduino: Programación y desarrollo de proyectos.* Madrid: Anaya, 2020.

> Guía práctica para aprender a programar y desarrollar proyectos con *Arduino IDE* enfocados en aplicaciones IoT.

→ LÓPEZ Galán, C.: *Fundamentos de la conectividad 5G: Aplicaciones en IoT.* Madrid: McGraw-Hill, 2021.

> Explicación de cómo la tecnología 5G mejora la transmisión de datos y la conectividad en proyectos IoT y ciudades inteligentes.

→ OLIVEIRA, E.: *Smart Cities: Una visión integradora.* Madrid: Díaz de Santos, 2018.

> Examina la sostenibilidad, economía, gobernanza y calidad de vida en las ciudades inteligentes, integrando tecnología y políticas públicas.

→ PRIETO Tejedor, J.: *Introducción a la internet de las cosas (IoT): Fundamentos, diseño y aplicaciones.* México: Alfaomega, 2019.

> Fundamentos de IoT, diseño de proyectos y ejemplos prácticos, incluyendo uso de *boards,* sensores y plataformas *cloud.*

→ ROBLES Aguilar, J. M.: *La ciudad inteligente: Tecnologías para la sostenibilidad urbana.* México: Alfaomega, 2021.

> Visión general sobre cómo la tecnología contribuye a la gestión eficiente de energía, movilidad y recursos en ciudades sostenibles.

→ RUIZ Molina, F. J.: *Programación en Arduino: Aplicaciones prácticas para IoT y domótica.* Madrid: Ra-Ma, 2018.

> Enseña la programación en *Arduino,* desde conceptos básicos hasta sistemas complejos de automatización y control remoto.

→ SÁNCHEZ García, L.: *La revolución digital de las ciudades: El papel de la tecnología en la gestión urbana.* Barcelona: Marcombo, 2020.

> Impacto de tecnologías emergentes como inteligencia artificial, *blockchain,* IoT y 5G en infraestructuras urbanas inteligentes.

→ SÁNCHEZ Martínez, A.: *Ciudades inteligentes: Transformación digital de las ciudades*. Madrid: Ra-Ma, 2019.

> Aborda los conceptos fundamentales de las *smart cities,* integrando tecnologías como IoT, *big data* y 5G en la gestión urbana.

→ SUÁREZ Fernández, D.: *Cloud Computing para IoT: Diseño, implementación y administración*. Madrid: Paraninfo, 2020.

> Cómo las plataformas *cloud* gestionan el almacenamiento y procesamiento de datos generados por dispositivos IoT, con ejemplos de bases de datos NoSQL y gestión en la nube.

Textos electrónicos

→ *Arduino* Libro de proyectos, de: <https://candy-ho.com/Drivers/librodeproyectosdearduinostarterkit-151212174250.pdf?srsltid=AfmBOopd RlujihDvTiVjp4ecjAi4Y2lW7rdYGalleZhyvfO_btUQh3fK>.
> Este libro en PDF es una excelente introducción a *Arduino.* Ayuda a comprender las bases de la programación y la electrónica, con ejemplos prácticos de cómo construir circuitos y programar la placa.

→ Manual Básico de *Arduino,* de:
<https://www.maristashuelva.es/webinfo/tecnologia/arduino/Libro_kit_Basico.pdf>.

> Un manual que ofrece una introducción a la programación de *Arduino,* explicando las funciones principales y proporcionando ejemplos. Es ideal para aquellos que prefieren aprender a través de códigos y ejemplos directos.